Sommaire

D0317209

Entrepreneurship

CHERCHEURS D'OR 79

Les technologies de l'information et des communications ont donné lieu à quelques *success stories* québécois. Des entrepreneurs témoignent et démystifient ce nouvel Eldorado...

International

LE MONDE AU BOUT D'UNE SOURIS 91

Les technologies de l'informatique et des communications offrent souvent des possibilités de carrière internationale. Grâce notamment au courrier électronique, notre journaliste a pu en savoir plus sur la vie de *jet-setter* en informatique... qui n'est pas toujours ce qu'on pense.

La recherche

VISITE GUIDÉE 100

Une tournée des différents labos de recherche des universités québécoises.

Les programmes en informatique

MODE D'EMPLOI 108

Comment s'y retrouver dans les nombreux programmes collégiaux et universitaires liés à l'informatique? Quelles sont les différences importantes entre les techniques et les bacs? Pourquoi choisir d'aller en génie informatique plutôt qu'en gestion informatique? Et *tutti quanti!*

Remerciements

Commanditaires

 Gouvernement du Québec
**Ministère de l'Industrie, du Commerce,
de la Science et de la Technologie**

Fédération
de l'informatique
du Québec

 **Centre de recherche
informatique de Montréal**

CRIM

Une société Amdahl

Des gens de résultats

Annonceurs

3 SOFT
Association québécoise d'information
scolaire et professionnelle
Centre de promotion du logiciel
québécois
Collège de Bois-de-Boulogne
Course *BRANCHEZ-VOUS*!
Discreet Logic
Eicon Technology
Groupe Informission
Hydro-Québec
ISM
Le Groupe Berclain
Le Groupe CGI
Les entreprises GIRO
Les Logiciels Machina Sapiens
Lockheed/Martin Canada
Microcell Labs

Pfizer Canada
Positron
Positron Fiber System
Purkinje
Salon de l'Éducation et de la Formation
Service régional d'admission
de Montréal
Softimage Microsoft
Université d'Ottawa
Université de Montréal
Université de Sherbrooke
Université du Québec à Hull
Université du Québec à Trois-Rivières
Université Laval
Vidéotron Télécom

La Presse

Nos clients travaillent avec U2, les Rolling Stones,

Batman & Robin et Forrest Gump.

Que diriez-vous de travailler avec

Nous?

Discreet Logic développe des systèmes ouverts et des logiciels servant à la création, à la manipulation d'images numériques et au montage. Nous offrons à nos clients une large gamme de systèmes et de logiciels d'effets visuels, de montage et de production conçus pour répondre aux besoins des créateurs du monde de la post-production.

Au cours des années 90, les produits développés par Discreet Logic se sont avérés indispensables à la réalisation d'une multitude de longs métrages, tels Forrest Gump et Independence Day, gagnants d'un Oscar pour les meilleurs effets spéciaux. Nos systèmes ont aussi été utilisés pour les films suivants: Titanic, The Fifth Element, Batman & Robin, Contact et Air Force One, récemment à l'affiche. Nos systèmes ont également contribué à la réalisation d'émissions de télévision régulières, comme World News Tonight avec Peter Jennings, au réseau ABC, et d'émissions spéciales, comme la diffusion des Jeux Olympiques de 1996. De plus, les outils de Discreet Logic ont été utilisés lors de la création de videoclips, notamment ceux de U2, REM, les Rolling Stones, Seal et les Beatles, et pour la réalisation de messages publicitaires pour Nike, AT&T, McDonald's et Pepsi.

Afin de soutenir sa croissance continue, Discreet Logic est à la recherche de nouveaux diplômés en informatique et en génie informatique, créatifs et polyvalents, pour combler divers postes de développeurs de logiciels au sein de son groupe de développement de produits. En plus de posséder un minimum d'expérience pratique en la matière, le candidat idéal est très intéressé par les domaines suivants :

PROGRAMMATION EN C ET C++ | INTERFACES UTILISATEUR GRAPHIQUES |ENVIRONNEMENT UNIX | LIBRAIRIES GL ET OPEN GL | TRAITEMENT D'IMAGES | PARTAGE DE DONNÉES DISTRIBUÉES | COMPOSITION D'IMAGE 2D/3D | PROGRAMMATION DE SYSTÈMES EN TEMPS-RÉEL | STRUCTURES DE DONNÉES ET CONCEPTION ORIENTÉE OBJETS | AUDIO

DISCREET LOGIC

Ressources humaines
10, rue Duke
Montréal (Québec)
H3C 2L7 Canada
Fax : 514.393.0110
Courrier élec. :
cv@discreet.com

Discreet Logic offre à ses employés un environnement de travail des plus stimulant axé vers les technologies de pointe, des horaires flexibles, un programme de rémunération concurrentiel comprenant une structure de bonification et du cappuccino à volonté. Vous êtes diplômé, récoltez votre récompense en venant travailler avec nous. Visitez notre site Web pour en connaître davantage sur les emplois offerts.
www.discreet.com

L'Expertise est l'affaire des experts

Microcell Labs est un centre nerveux où les chercheurs et les concepteurs sont à l'affût de nouvelles façons d'appliquer leurs idées. Avec l'aide de la technologie GSM, Microcell Labs favorise le développement de produits et de services de communications personnelles destinés aux marchés du monde entier et se concentre sur la conception de «coffres d'outils» servant à des applications comme le transfert de technologie, la formation, le soutien de l'ingénierie et les essais ainsi que l'accréditation.

MICROCELL LABS
un centre ouvert de recherche
et de développement pour les

Services de Communications Personnelles

Microcell Labs Inc.
1250, boul. René-Lévesque Ouest, bureau 400
Montréal (Québec) H3B 4W8
Téléphone: (514) 937-2121
Télécopieur: (514) 937-2554

Concours des OCTAS

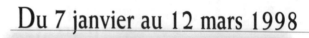

Du 7 janvier au 12 mars 1998

OCTAS

Catégorie Relève

Deux OCTAS seront attribués dans cette catégorie : un pour le secteur collégial et un pour le secteur universitaire.

Chaque OCTAS couronne la réalisation la plus remarquable d'une ou plusieurs personnes, étudiant(s) au niveau collégial ou universitaire, ou encore de récents diplômés œuvrant depuis moins de trois ans dans le domaine de l'informatique.

Pour renseignements :

Téléphone :	(514) 395-8689
Télécopieur :	(514) 395-9007
Internet :	info@fiq.qc.ca
Site Web :	www.fiq.qc.ca

Fédération de l'informatique du Québec

la
tête
de
l'emploi

du **lundi**
au **vendredi**
à **17h30**

Radio-Canada
Télévision

La fête de l'emploi

Noms	1. Rondes			2. Rondes			3. Rondes			4. Rondes			5. Rondes			6. Rondes		
	1	2	3	1	2	3	1	2	3	1	2	3	1	2	3	1	2	3
Métiers																		

Ronde 4 · Les Jetons · Qui fait Quoi ?

1. _____ est _____
2. _____ est _____
3. _____ est _____
4. _____ est _____
5. _____ est _____
6. _____ est _____

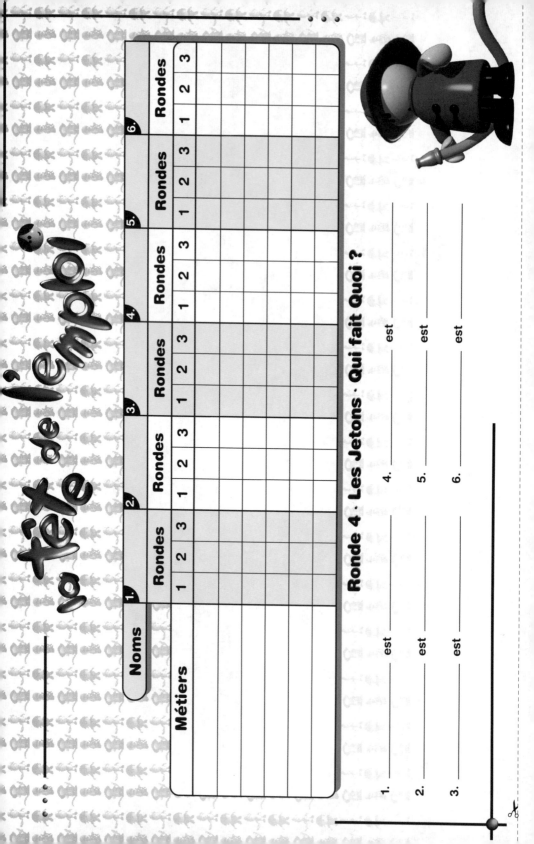

La Tête de l'Emploi est un jeu-question-naire diffusé sur les ondes de Radio-Canada du lundi au vendredi à 17 h 30. Cette émis-sion, animée par Véronique Cloutier, assistée de son complice Martin Héroux est enre-gistrée devant public. **La Tête de l'Emploi** accueille tous les jours six participants exer-çant chacun un métier ou une profession donné ou pratiquant un passe-temps parti-culier. Trois concurrents doivent déterminer, à la lumière des renseignements fournis par les participants, quel métier, profession ou acti-vité, parmi ceux énoncés, se rapporte à cha-cun des participants.

Dans un premier temps, les concurrents es-saient de réunir le plus d'indices possible en attribuant aux participants de leur choix des questions associées à un des emplois ou passe-temps dont ils se réclament. Dans un deuxième temps, les participants sont soumis à certaines épreuves visant à démontrer leur expertise ou leurs connaissances. À cette étape, ceux-ci peuvent être sollicités plus d'une fois, au gré des concurrents.

Finalement, une période sprint leur permettra d'attribuer pendant une minute des questions aux participants de leur choix. Les concur-rents doivent donc faire appel à leur esprit de déduction et à leur sens de l'observation, ou en dernier recours, s'en remettre à leurs pre-mières impressions pour qu'un d'entre eux accède au jeu final où il sera temps de déter-miner qui fait quoi parmi les six participants.

Vous voulez être concurrent ou participant? Appelez-nous au (514) 597-5422

<u>PARTICIPANT :</u> candidat qui exerce une activité (métier, loisir...) à découvrir par les trois concurrents. Il y a six (6) participants par émission.

<u>CONCURRENT :</u> candidat qui cherche à découvrir l'activité exercée par chacun des six (6) participants. Les concurrents sont au nombre de trois (3).

● Les gens qui désirent être *concurrent* à l'émission **La Tête de l'Emploi**, doivent téléphoner au **(514) 597-5422** et laisser *un message* en ce sens. Les personnes rejointes sont convo-quées aux enregistrements afin d'assister aux émissions. **Sur place**, avant l'enregistrement de chacune des émissions, les concurrents ainsi que les juges sont choisis **au hasard**.

● Les gens qui désirent être *participant* à l'émission **La Tête de l'Emploi** doivent téléphoner au **(514) 597-5422** et laisser *un message* en ce sens. Les personnes rejointes sont convo-quées à une séance d'inscription. Suite à cette séance, le responsable de la sélection des par-ticipants analyse tous les dossiers et convoque aux émissions les participants choisis. Les questions ainsi que le défi à relever lors de l'enregistrement sont préparés par le concepteur et son équipe avec l'étroite collaboration du participant (le tout se fait par téléphone). On attend vos appels!

● Si vous avez des idées de **THÈMES** pour l'émission **La Tête de l'Emploi**, exemple : six (6) participants d'une même famille, d'un club quelconque ou d'une association (avec métiers inusités)..., écrivez-nous à l'adresse suivante :

LA TÊTE DE L'EMPLOI
SOCIÉTÉ RADIO-CANADA
1400, boul. René-Lévesque Est – 5è étage, Montréal (Québec) H2L 2M2

P.S. Nous n'envoyons pas d'accusé-réception. Merci.

Radio-Canada
Télévision

La loi de la jungle

➤ par Éric Grenier

Vedette incontestée du placement universitaire ces dernières années, le secteur de l'informatique fait mentir tous les pronostics négatifs concernant la santé du marché du travail. On s'arrache les diplômés, le maraudage sévit et on est en manque aigu de relève pour combler tous les postes disponibles. Pire, ou mieux encore : ça ne risque pas de s'arrêter...

«Après deux grosses récessions, j'avais banni le mot "pénurie" de mon vocabulaire. Je croyais ne pas avoir à m'en servir de nouveau.» Maryse Deschênes dirige le service de placement de l'École polytechnique de Montréal. Elle est donc bien placée pour constater les dommages importants qu'ont causés ces deux récessions, celle de 1980-1982 et celle de 1990-1992. Le chômage, surtout pendant la dernière crise de l'emploi, a durement touché les jeunes, y compris les diplômés universitaires.

Depuis deux ans, toutefois, Mme Deschênes a dû se réhabituer à prononcer le mot «pénurie». Une disette de travailleurs spécialisés qui ne sévit qu'en technologies de l'information et des communications, les TIC, comme on dit dans le milieu. «Maintenant, 100 % de nos diplômés en génie informatique se trouvent du travail dès la fin de leur scolarité ou presque. À moins

d'avoir de sérieux problèmes personnels, ils sont sûrs de se trouver un *job* dans leur branche. Au rythme où évolue la demande, on ne fournit pas!»

C'est la révolution!
Au début de la décennie, le Québec est entré dans le cycle d'une révolution industrielle comme on n'en avait pas vue depuis l'invention de la machine à vapeur. En une dizaine d'années, le Québec a réussi son virage technologique.

En somme, l'économie québécoise basée sur les matières premières et l'industrie lourde est sur le point de devenir une économie du savoir. Cette croissance extraordinaire des TIC s'explique non seulement par la qualité de la formation scolaire qu'on offre ici (voir en page 108), mais surtout par les avantages fiscaux très généreux que garantit l'État québécois aux investisseurs.

De nombreuses entreprises de haute technologie ont vu le jour un peu partout au pays et ce sont tous les secteurs de l'économie qui ont été investis par la révolution informatique. Aujourd'hui, il y a des puces partout. Et on se gratte la tête pour résoudre le casse-tête de la pénurie de main-d'oeuvre.

Selon la SQDM, «la popularité extraordinaire de l'Internet et de ses dérivés (intranets) a pour effet de multiplier les nouveaux projets et les nouvelles idées, pour lesquels la demande de réalisation et de mise en oeuvre ne cesse d'augmenter».

Avec le récent engouement pour Internet, l'industrie des TIC est elle-même en plein bouleversement. En 1997, TechnoPôle, un organisme voué à la promotion de cette industrie, devait constater sur le terrain l'effet du «réseau des réseaux» chez les entreprises québécoises. «De surcroît, la popularité extraordinaire de l'Internet et de ses dérivés (intranets) a pour effet de multiplier les nouveaux projets et les nouvelles idées, pour lesquels la demande de réalisation et de mise en oeuvre ne cesse d'augmenter», peut-on lire dans un rapport remis à la Société québécoise de développement de la main-d'oeuvre (SQDM) en octobre 1997.

Les changements s'opèrent vite. Trop vite, même. Lorsque les entreprises vont frapper à la porte des services de placement des collèges et des universités du Québec, elles en reviennent souvent bredouilles.

«Le phénomène n'est pas nouveau. Il y a toujours eu une pénurie de bons candidats en informatique. Mais cette fois-ci, c'est qu'il y a une pénurie de candidats, point à la ligne.»

– Stéphanie Derenne, EIC

Les informaticiens, pourtant nombreux (plus de 30 000 au Québec), ne suffisent pas à la demande. Chaque année, les universités québécoises accordent un diplôme à quelque 700 nouveaux informaticiens. Toutefois, pour combler seulement les besoins de base de l'industrie, les plus urgents, il en faudrait au moins 2 000.

Les deux tiers des entreprises québécoises ont du mal à recruter des informaticiens. Quarante pour cent affichaient des postes vacants en 1994. Selon différentes estimations, il manquerait plus de 300 000 informaticiens pour l'ensemble du Canada. Bref, on est loin de la pléthore. «Le phénomène n'est pas nouveau. Il y a toujours eu une pénurie de bons candidats en informatique. Mais cette fois-ci, c'est qu'il y a une pénurie de candidats, point à la ▶

Saviez-vous que...

En 1996, le salaire moyen d'un programmeur (intermédiaire) était de 35 000 $ par année au Québec.
Celui d'un analyste intermédiaire, 41 000 $.
Un analyste expérimenté gagnait en moyenne 54 000 $.

(Source : *Centre de promotion du logiciel québécois, CPLQ*)

Où est le coupable?

Bien malin celui qui pourrait cerner les causes de la pénurie de main-d'oeuvre dans l'industrie des technologies de l'informatique et des communications (TIC). Le seul développement ultrarapide des TIC ne peut, à lui seul, répondre à toutes les questions.

Toutefois, tous les acteurs de l'industrie que nous avons rencontrés s'accordent sur trois points :

• Les cégeps et les universités n'ont guère les moyens de produire plus de diplômés. À l'heure des restrictions budgétaires, l'entreprise privée devra y mettre du sien si elle veut que le système scolaire arrive à suivre la cadence.

• Les demandes des entreprises sont très précises : à la vitesse à laquelle se réalisent les développements dans cette industrie, plusieurs entreprises recherchent des candidats spécialisés dans un domaine qui n'existe pas encore ou presque.

• En revanche, les universités devront se mettre à l'écoute des besoins de l'industrie. Le système coopératif, avec ses stages, devra être la norme partout. À ce chapitre, le Québec accuse un retard de trente ans sur le Canada anglais et les États-Unis.

▶ ligne», souligne Stéphanie Derenne, de la firme EIC, spécialisée en ressources humaines et qui a la lourde mission de convaincre des informaticiens d'accepter les offres de ses clients.

«Tous les secteurs de l'informatique engagent (voir nos dossiers pages 38 à 66), poursuit Mme Derenne. Nous disons à nos candidats qu'ils sont vraiment chanceux. C'est le chômage zéro pour eux et ils n'ont pas à le craindre pour encore très longtemps.» En fait, au Centre de recherche informatique de Montréal (CRIM), on estime à *moins* 15 % le taux de chômage dans ce domaine.

On stoppe les machines

«C'est évident que ce manque de personnel suffisamment qualifié ralentit nos activités et notre croissance, et que certains projets doivent être mis sur la glace en attendant qu'on trouve les bonnes personnes», indique Frédéric Beaubien, directeur des ressources humaines chez Softimage. En effet, l'industrie a non seulement un besoin général de diplômés, mais aussi dans des domaines bien pointus et exigeant des connaissances spécialisées. (Voir encadré page 24.)

Avec ses 250 employés, Softimage demeure une PME. Mais une PME qui a une réputation internationale. La ▶

Saviez-vous que...

Certaines entreprises embauchent du personnel inutile?
C'est une façon de parler, mais plusieurs employeurs préfèrent
embaucher des informaticiens dont ils n'ont pas besoin
pour le moment afin d'être certains de pouvoir combler les postes
à venir au cours des prochains mois...
et que les compétiteurs ne puissent en profiter!

Si le chapeau
vous va!

Nous sommes à la recherche
de très bonnes têtes,
faisant preuve de créativité et d'initiative
pour combler des postes
en matière de technologies de l'information.
Si ce défi vous intéresse, contactez-nous.

www.dmr.com

Une société Amdahl

Des gens de résultats

▶ performance de leurs logiciels d'animation (les dinosaures de *Jurassic Park*, entre autres) a pu être appréciée par quelques centaines de millions de personnes à travers le monde. Y compris par Bill Gates lui-même : il a tellement aimé la compagnie qu'il l'a achetée pour 130 millions de dollars US, cinq ans seulement après sa création.

«À partir du moment où le candidat a les connaissances nécessaires pour accomplir son travail, ça nous suffit. Tout ce qui concerne le côté humain, les relations interpersonnelles, habituellement des critères importants, on doit les laisser tomber. À l'heure actuelle, c'est l'expertise qu'on recherche et qu'on ne trouve pas.»

– Paul Martineau, Microcell

Qui dit ralentissement, dit pertes de revenus. Pour Softimage, cependant, les conséquences vont plus loin. «Ça ralentit la machine, poursuit Frédéric Beaubien. Mais aussi ça nous coûte plus cher pour la faire fonctionner.» Plus onéreux, parce que les exigences salariales des candidats sont plus élevées; il faut donc les dorloter. Il faut également investir davantage de temps et d'argent dans la recherche de la perle rare.

Lorsque Softimage trouve cette perle, elle la jalouse, la protège. À tel point que la société nous a refusé de rencontrer certains de ses employés. Il s'y dégage une impression de siège, qui pourrait se traduire par : *better be safe then sorry...* «Ce n'est pas pour être malcommode, mais la compétition entre les entreprises est trop féroce. Il y a tellement de maraudage que cela nous pousse à être paranoïaques», reconnaît Frédéric Beaubien.

Softimage fait partie du plus gros groupe d'entreprises des TIC, celui des concepteurs et des développeurs de logiciels, et éprouve d'énormes difficultés à recruter du personnel au Québec. Selon TechnoPôle, la main-d'oeuvre, généralement bilingue, de ce chef de file de l'industrie est la plus jeune, mais aussi la plus mobile et difficile à fidéliser. La difficulté vient aussi du fait que les concepteurs de logiciels cherchent presque uniquement des diplômés universitaires.

Depuis deux ans, la jeune société Microcell embauche par centaines à la grandeur du Canada. Elle était la première à avoir offert aux consommateurs le système de télécommunications personnelles, les SCP, des téléphones portatifs qui utilisent des puces — appelés à remplacer la téléphonie cellulaire. Nouvelle technologie pour les Québécois, l'expérience des employés est toute relative. Trois concurrents ayant apparu au cours des derniers mois, Microcell n'est plus seule en tête du créneau. Ce qui complique la ▶

Carrières
professions/formation

Tous les samedis...

Je pense donc je lis

Branchés sur les professions d'avenir

Techniques de l'informatique
- *Développement d'applications structurées et orientées objet*
- *Gestion des réseaux*

Sciences de la nature

Collège de Bois-de-Boulogne

Pour plus d'information
332-3000, poste 311
http://collegebdeb.qc.ca

L'avenir en formation

situation. «C'est la principale difficulté dans la recherche de notre personnel. Il n'y a que très peu de gens qui ont déjà travaillé avec la technologie des SCP», rapporte Pierre Bourassa, directeur des systèmes à la clientèle au siège social de Montréal.

Le collègue de M. Bourassa aux ressources humaines accepte donc certains candidats qui, dans un monde sans pénurie ni concurrence, n'auraient pas eu de poste chez Microcell. «Nous avons abandonné l'idée de trouver l'employé modèle, dit Paul Martineau. À partir du moment où le candidat a les connaissances nécessaires pour accomplir son travail, ça nous suffit. Tout ce qui concerne le côté humain, les relations interpersonnelles, habituellement des critères importants, on doit les laisser tomber. À l'heure actuelle, c'est l'expertise qu'on recherche et qu'on ne trouve pas.»

> **L'industrie de l'informatique et des technologies de l'information croît à un rythme d'enfer. Depuis le début de la décennie, l'emploi progresse entre 20 et 25 % par année. Aucune autre industrie d'importance ne peut afficher un tel score.**

Même en éliminant des critères d'évaluation à l'embauche, Microcell n'arrive pas à combler tous ses postes. Sans pouvoir les comptabiliser, Pierre Bourassa convient néanmoins que des projets attendent, faute de travailleurs en mesure de les mener à terme. Dans un tel cas, il importe sa main-d'oeuvre : une douzaine des soixante-cinq informaticiens proviennent de l'extérieur du pays.

Vitesse du son

L'industrie de l'informatique et des technologies de l'information croît à un rythme d'enfer. Depuis le début de la décennie, l'emploi progresse entre 20 et 25 % par année. Aucune autre industrie d'importance ne peut afficher un tel score.

Au Québec, les annonces d'investissements dans le secteur des hautes technologies se bousculent : Matrox, Corel, Northern Telecom, DMR, DTM, SACO, Machina Sapiens, Alis Technologies, IBM, Microsoft, Discreet Logic, CGI, LGS et *tutti quanti*. Et en périphérie, des centaines de petites et très petites entreprises voient sans cesse le jour.

Cette explosion n'est pas propre au Canada et au Québec. Elle est mondiale. La crise de la main-d'oeuvre est donc aussi globale. Il n'est pas rare que des multinationales américaines et européennes débarquent en sol québécois pour faire le plein de candidats. Elles aussi vivent une période où les besoins sont trop élevés pour le nombre de finissants issus du système scolaire.

Difficile de chiffrer le nombre de gens d'ici qui acceptent ces offres à l'étranger. ▶

Saviez-vous que...

Au Québec, quelque 3 500 entreprises en informatique et en technologie de l'information employaient en août 1997 un total de 81 000 personnes. Le tout nouveau secteur du multimédia et des services Internet emploie déjà près de 5 000 personnes.

(Source : Ministère de l'Industie, du Commerce, de la Science et de la Technologie, août 1997)

▶ Aux États-Unis, les avantages salariaux seraient parfois de 60 % supérieurs aux nôtres, pour le même *job*. En France, on parle d'une différence entre 20 et 25 %. Dans de telles conditions, même le Parrain ne pourrait refuser!

Johanne Noiseux est directrice des comptes chez OKA, une firme spécialisée en ressources humaines. Elle chasse des têtes, mais il lui est difficile de concurrencer les *big bucks* américains. «Régulièrement, on appelle des candidats, mais ils sont déjà partis travailler à Boston ou en Californie. Les entreprises américaines recrutent visiblement beaucoup chez nous.»

Toutefois, ne considérer que la taille du chèque de paye lorsqu'une offre de travail

La peur de l'an 2000

Les développements rapides d'Internet et de l'informatique dans les entreprises ont créé un grand besoin de travailleurs spécialisés. Mais d'autres facteurs s'ajoutent. Notamment une petite erreur de conception dans les logiciels et les systèmes informatiques créés avant 1996 : ils ont été conçus pour un monde qui prendra fin le 31 décembre 1999. «La conversion des systèmes a commencé l'an dernier, mais cette année (en 1997), c'est vraiment pire que jamais, c'est la folie furieuse», dit Johanne Noiseux, de OKA. Ainsi, il pleut des contrats sur les consultants en ordinateurs centraux, les principales victimes du changement de siècle.

> «À moyen terme,
> il sera plus difficile de trouver
> de l'emploi dans le domaine
> des systèmes qui utilisent le cobol.
> Les salaires sont élevés
> pour l'instant, mais ils vont prendre
> une tendance à la baisse
> après l'an 2000.»
>
> – Stéphanie Derenne, EIC

Deux logiciels de gestion, People Soft et SAP, attirent peu les candidats par rapport à la forte demande. Mais pour Stéphanie Derenne, directrice du recrutement et du développement chez EIC, l'avenir de l'informatique réside dans les certifications en système Novell, mais surtout en MCSE, Microsoft Certified Systems Engineer. Ces formations reconnues ne sont pas offertes actuellement dans le réseau scolaire public. Elles peuvent cependant être suivies qu'à l'intérieur de certaines entreprises en mesure de les offrir.

Toutefois, la conversion des systèmes à l'an 2000 tiendra tous les spécialistes du langage cobol occupés et bien payés, jusqu'à la date fatidique. Ces gros systèmes sont utilisés notamment par les banques européennes, où l'entrée en vigueur de la monnaie unique en 1999 rend la conversion doublement pressante. L'Europe draine donc beaucoup de cerveaux en ce moment, mais ça ne durera pas. «À moyen terme, il sera plus difficile de trouver de l'emploi dans le domaine des systèmes qui utilisent le cobol. Les salaires sont élevés pour l'instant, mais ils vont prendre une tendance à la baisse après l'an 2000», poursuit Mme Derenne.

La demande de programmeurs en UNIX, NT et C++ est si importante que les entreprises recrutent directement sur les campus.

Par ailleurs, les analystes s'entendent généralement pour affirmer que les forces du Québec et du Canada dans cette industrie évoluent de plus en plus vers le développement de contenu (logiciels, multimédia, voir pages 50 et 56).

outre-mer se présente serait une erreur, selon des Québécois qui ont fait le saut (voir en page 91).

Beau casse-tête

Avec autant de joueurs sur le terrain à se disputer les quelques programmeurs, analystes ou infographistes disponibles, c'est une véritable manne pour les chasseurs de têtes. Les mandats sont nombreux,

mais comme toute médaille a son revers, il leur est difficile de satisfaire pleinement leurs clients.

Johanne Noiseux a vu le nombre de candidats à dénicher croître de 40 % par année. «Sur les soixante-quinze postes que je dois combler dans le domaine de l'informatique, je ne réussirai que dans un faible pourcentage. Et chaque mandat ▶

L'informatique médicale, c'est vital.

Purkinje est un
chef de file mondial
en informatique médicale.
Grâce à nos logiciels,
des milliers de
professionnels de la santé
partout dans
le monde peuvent
maintenant informatiser
les dossiers
de leurs patients.

▶ ▶ ▶ Nous recherchons des spécialistes de l'informatique
qui sont prêts à relever des (défis) de taille dans
un environnement qui allie la diversité culturelle,
l'esprit d'équipe et la créativité. Bienvenue parmi nous!

purkinje
Traiter l'information vitale

Purkinje inc. 7333, place des Roseraies, bureau 401
Montréal (Québec) Canada H1M 2X6
T : (514) 355-2531 – 1 800 561-2531 • **F** : (514) 355-048
E : drh@purkinje.com • **W** : http//www.purkinje.com

▶ qu'on me confie est une urgence!» confie-t-elle.

Pour Mme Noiseux, cette course folle aux candidats s'illustre parfaitement lors des différentes journées carrières. L'une de celles-ci, à laquelle participent Johanne Noiseux et OKA, rassemblait récemment cinquante-six entreprises spécialisées dans le milieu des technologies de l'information. «Il y a moins de cinq ans, il n'y en avait que sept ou huit», poursuit-elle.

Ces sociétés ont beau participer aux journées carrières, *flirter* sur les campus universitaires, rarement y trouvent-elles tout ce qu'elles cherchent. «La plupart des candidats recherchés travaillent déjà. Ils ont le profil idéal pour l'emploi, mais aussi aux yeux d'autres compagnies. Il faut donc faire très vite et ouvrir les goussets pour ne pas se faire couper l'herbe sous le pied par un concurrent. Conséquence : aujourd'hui, plusieurs informaticiens sont payés plus qu'ils ne valent. Cinquante dollars l'heure pour un programmeur-analyste, c'est trop.» D'autres, les spécialistes des systèmes People Soft, peuvent aller chercher jusqu'à 130 $ l'heure, rappelle Johanne Noiseux.

«C'est la guerre entre nous!» s'exclame Jean-Luc Archambault, un autre chasseur de têtes qui croule lui aussi sous les mandats. Le président de la C.V.thèque, un organisme fondé en 1994 sous l'impulsion de l'Ordre des technologues du Québec alors qu'il en était le directeur, avait une quarantaine de contrats à remplir à l'automne 1997. «Pour trouver le bon employé recherché par l'employeur, il faut faire une centaine d'appels!»

Il recherche surtout des diplômés du collégial. Contrairement à Johanne Noiseux, dont la plupart des clients sont de grandes entreprises, M. Archambault fait davantage affaire avec les PME. «Les PME aiment beaucoup les diplômés collégiaux parce qu'ils ont le sens pratique au travail. De toute façon, dans la situation actuelle, elles n'ont pas les reins suffisamment solides pour s'offrir des diplômés universitaires.»

Les PME font les frais de cette guerre sans merci pour le moindre informaticien. «C'est un tour de force, dit Jean-Luc Archambault. Elles n'ont pas de service de ressources humaines ni les moyens de recevoir 400, 500 curriculum vitae. Souvent, c'est le président, le vice-président ou le contrôleur qui doivent prendre leurs soirées ou leurs samedis pour analyser les différentes demandes d'emploi qu'ils reçoivent. Ils n'ont pas l'expertise pour ce boulot, alors ils ont de la difficulté à décoder les CV. Trop souvent, ils choisissent au pif, pour s'apercevoir plus tard qu'ils n'ont pas fait le bon choix.» ∎

Lisez notre Guide de survie *en page 29.*

Sources :
1) Enquête salariale 1996 de l'industrie du logiciel québécois, *Centre de promotion du logiciel québécois, 1997.*

2) Industrie québécoise des technologies d'information, *Analyse préliminaire, ministère de l'Industrie, du Commerce, de la Science et de la Technologie, août 1997.*

3) L'industrie québécoise des technologies de l'information et des communications, *Technopôle (Étude commandée par le Comité sectoriel de la main-d'oeuvre en Technologies de l'information et des communications [TIC]), 1997.*

Nous avons l'énergie pour vous connecter sur l'avenir.

Au Québec et ailleurs dans le monde, Hydro-Québec assume pleinement son rôle de leader dans l'univers de l'informatique. En naviguant à la crête des nouvelles technologies, elle place l'expansion du secteur informatique au coeur même de sa stratégie commerciale. Branchée sur le 21e siècle, elle figure et configure un avenir riche de défis et de découvertes pour tous les informaticiens.

www.hydroquebec.com

MARIER L'OFFRE À LA DEMANDE
Guide de survie

➤ par Éric Grenier

Si la mathématique le permettait, le secteur de l'informatique et des technologies de l'information afficherait un taux de placement de 110 %! Pour cette raison, les finissants se dénichent un emploi dans des délais extrêmement courts. La situation est telle que plusieurs se retrouvent au terme de leurs études devant un dilemme que peu de diplômés peuvent se vanter d'avoir : quelle offre d'emploi accepter? Voici un petit guide en réponse à certaines des questions qu'ils ne manqueront pas de se poser...

1 Si je continue mes études, pourrai-je obtenir un meilleur emploi?

Cela dépend. Si les diplômés collégiaux présentent des statistiques de placement comparables à celles de leurs confrères universitaires, l'importance et la qualité de leur emploi seront inférieures ▶

► en général. On a du travail, disent les spécialistes en placement, mais on plafonne plus rapidement.

Un autre bac, toujours plus facile et parfois plus court que le premier, dans un domaine tout autre que l'informatique, vous permettra de vous créer une spécialisation. La comptabilité et l'administration sont des avenues intéressantes et recherchées.

Toutefois, un excès de scolarisation peut parfois nuire! Frédéric Beaubien est directeur des ressources humaines chez Softimage, à Montréal, un des leaders mondiaux des logiciels de création d'images 3D et une filiale de la multinationale Microsoft. Il aime que ses employés possèdent un esprit pratique. «La presque totalité des employés qui sont passés ici ont un baccalauréat. Quelques-uns ont aussi une maîtrise, mais sans plus. Les diplômés du doctorat ont tendance à être trop théoriciens. Ils sont "grand R" et "petit d" (pour Recherche et développement), comme on dit dans le milieu, ce qui ne correspond pas à la demande de l'industrie. Ce que nous voulons, ce sont de "petits r" et des "grands D". Ici, c'est le développement qui prime», affirme-t-il.

Le secteur du logiciel, notamment, fait bien un peu de recherche, mais concentre le gros de ses énergies dans le développement de produits et services. «C'est une industrie où les produits subissent une révolution aux six mois. Il faut donc produire vite.» Et ce sont les bacheliers qui répondraient le mieux à cet objectif, dans le cas de Softimage et de bien d'autres entreprises du genre.

Par contre, dans d'autres domaines, comme les télécommunications, la demande de diplômés en maîtrise et au doctorat est plus élevée.

Ironiquement, l'industrie se plaint souvent du manque de formation pointue des diplômés. Un autre bac, toujours plus facile et parfois plus court que le premier, dans un domaine tout autre que l'informatique, vous permettra de vous créer une spécialisation. La comptabilité et l'administration sont des avenues intéressantes et recherchées. À la limite, une maîtrise pourrait aussi impressionner, mais également dans un autre domaine. Pourquoi pas un MBA?

2 Devrais-je travailler à mon compte, comme consultant par exemple?

«Les services de consultants nous coûtent une fortune. Et à cause de la pénurie de main-d'oeuvre dans notre domaine, ►

Saviez-vous que...

Les journées et salons carrières organisés par les différents services de placement des universités sont les meilleurs endroits pour rencontrer les employeurs potentiels. Surveillez l'information à cet effet sur votre campus. Ces événements ont lieu généralement au début du trimestre. Il y a aussi les salons d'affaires, mais le coût d'entrée y est souvent exorbitant.

Les **réalisations** exceptionnelles des

concepteurs de logiciels

contribuent à la notoriété du Québec

sur la **scène** internationale.

Le Centre de promotion du logiciel québécois

(CPLQ) est au cœur du réseau des intervenants de

l'industrie du logiciel. Il offre un **encadrement**

dynamique pour la commercialisation de leurs

produits.

CENTRE DE
PROMOTION
DU LOGICIEL
QUÉBÉCOIS
CPLQ

Pour nous rejoindre :
Téléphone : (514) 874-2667
Internet : www.cplq.org
Courrier électronique : info@cplq.org

▶ on n'a pas le choix de faire affaire avec eux.» Cette affirmation est de Paul Martineau, conseiller principal aux ressources humaines chez Microcell, un fournisseur de SCP, les services de communication personnelle connus sous la marque de commerce Fido.

Certes, si votre expertise vous le permet (c'est-à-dire si elle est recherchée), le statut de travailleur autonome vous permettra d'exécuter des mandats plutôt courts, de quelques mois seulement, concernant des projets très précis. Mort à la routine!

> **Devenir agent libre, c'est la même chose que de créer sa propre entreprise. Si vous vous imaginez difficilement dans le rôle d'un entrepreneur, il devrait en être de même pour celui d'un consultant autonome.**

Malgré le sentiment d'incertitude qu'il engendre parfois, le butinage d'entreprise en entreprise est, à l'heure actuelle, très profitable sur le plan financier. Les consultants vont au plus offrant! Mais bien que certains travailleurs autonomes conserveront avec succès ce statut toute leur vie professionnelle, il ne s'agit souvent que d'une solution à court terme, compte tenu de l'instabilité qui s'y rattache. Devenir agent libre, c'est la même chose que de créer sa propre entreprise. Si vous vous imaginez difficilement dans le rôle d'un entrepreneur (voir en page 71), il devrait en être de même pour celui d'un consultant autonome.

Il faut aussi tenir compte de l'aspect gestion et des inconvénients financiers. Ainsi, il faudra payer une assurance-salaire, s'adjoindre les services d'un comptable (ou apprendre par coeur les deux lois de l'impôt!), percevoir TVQ et TPS, faire face au manque de liquidités lorsque vos clients tardent à payer les factures... En bout de ligne cependant, si vos revenus sont satisfaisants malgré tout, vous êtes récompensé par un taux d'imposition moindre. On peut donc arriver à un certain équilibre.

Par ailleurs, il faut du temps avant de se faire une réputation et compter suffisamment de clients. À ce chapitre, considérez les firmes spécialisées en ressources humaines : elles ont régulièrement le mandat de trouver des consultants. Aussi, il faut être un négociateur-né et réussir à obtenir le tarif que vous croyez mériter. Ni plus ni moins. Et tout le monde ne vaut pas 130 $ l'heure!

Outre le salaire, quels sont les critères à évaluer pour choisir le meilleur poste?

Selon Jean-Luc Archambault, de la banque de curriculum vitae C.V.thèque, les employeurs de l'industrie ont deux choses à offrir à leurs candidats : de l'argent et des défis. Chaque emploi est donc un défi, et chaque défi ne convient pas à tous. Sachez évaluer avec honnêteté vos aptitudes, vos forces et vos faiblesses. Puis, confrontez-les avec les offres d'emploi qui sont devant vous.

■ L'environnement de travail

Certaines entreprises, comme Discreet Logic de Montréal, un des leaders mondiaux des logiciels d'images digitalisées pour le cinéma, se sont acquis une réputation inégalable pour la qualité de leur environnement de travail. Demandez à n'importe qui ayant visité ses nouvelles installations dans le Vieux-Montréal : c'est un milieu de travail parmi les plus inspirants qu'on ait vus. Les stages pendant les études sont un bon moyen d'en découvrir plusieurs, et il ne faut pas négliger l'influence que cet aspect (ambiance et lieux physiques) peut avoir au quotidien.

■ L'encadrement du personnel

Certaines entreprises suivent leurs employés pas à pas. D'autres ne se contentent que du résultat. Et au sein d'une même entreprise, certains postes sont davantage encadrés que d'autres. Plus le poste sera encadré, moins la pression individuelle sera grande : on est guidé et la responsabilité ultime du but à atteindre relève plutôt des différents niveaux décisionnels. Ces postes se trouvent plus souvent dans les grandes entreprises établies depuis longtemps, et généralement syndiquées. Bell et Northern Telecom en sont des exemples.

> **«Les employés sont souvent plus près des centres de décision, et y participent. Vous devez vous attendre à y investir davantage de votre temps et de votre talent.»**

Les plus petites entreprises, notamment celles de l'industrie du logiciel, laissent beaucoup de latitude à leurs informaticiens et créateurs. Les patrons vous soumettent un problème, donnent les objectifs, à vous de vous y rendre. Il y a une rare liberté d'action dans ces milieux de travail : pas de carte à pointer, moins de comptes à rendre... Mais le candidat doit présenter un sens de l'autonomie supérieur à la moyenne. En outre, il lui faut trouver rapidement une manière d'équilibrer son engagement professionnel avec les autres aspects de sa vie.

■ Le profil hiérarchique

Dans plusieurs des *success stories* de l'informatique québécoise, le profil des entreprises est plutôt horizontal : il y a très peu de niveaux de hiérarchie. Les possibilités de promotion sont moins nombreuses que dans une société de style plus classique. Par contre, les employés sont plus près des centres de décision, et y participent. Vous devez vous attendre à y investir davantage de votre temps et de votre talent.

■ D'autres facteurs à considérer

La technologie. Certaines technologies sont appelées à connaître un surplus de main-d'oeuvre à moyen terme, notamment celles qui sont intimement liées à la préparation des ordinateurs pour le passage à l'an 2000; les perspectives doivent être évaluées en conséquence. *La taille de l'entreprise* (plus petite : salaire moindre au départ, mais plus de chance de croître avec elle; plus grosse : meilleur salaire au départ, mais la ▶

Saviez-vous que...

Pour se tenir minimalement et efficacement au courant des nouvelles technologies en vogue (et dont les besoins sont grands et pressants) : «Surveillez les pages d'offres d'emploi des quotidiens et notez les préalables exigés pour l'emploi. C'est là qu'on remarque quelle technologie est la plus demandée», conseille Stéphanie Derenne, de EIC.

▶ montée des échelons dépend davantage de structures et de règles). *Le prestige* n'est pas à négliger. Dans votre carrière, vous serez appelé à changer souvent d'emploi, trois ou quatre fois, selon la moyenne.

Avoir oeuvré dans une entreprise prestigieuse constitue une excellente carte de visite pour un futur emploi. Il faut aussi considérer le sérieux de l'entreprise et sa réputation dans le milieu, ainsi que les avantages sociaux, qui peuvent varier énormément d'une entreprise à l'autre et parfois compenser un salaire moindre.

4 Comment bien connaître son futur employeur?

Depuis l'instauration des systèmes coopératifs dans les facultés universitaires du Québec, bon nombre d'employeurs profitent de l'occasion pour trouver plusieurs de leurs nouveaux employés parmi les stagiaires.

Avec la pénurie de main-d'oeuvre, c'est le retour de l'ascenseur. Les stagiaires peuvent eux aussi profiter de leurs stages en entreprise pour connaître à fond un employeur potentiel. En effet, qu'ils durent quelques semaines ou quelques mois, les stages permettent non seulement de se familiariser avec une méthode

de fonctionnement, mais aussi d'apprivoiser un environnement de travail et de s'imprégner d'une culture d'entreprise. Plus encore, c'est l'occasion toute désignée d'établir un réseau de contacts.

> «Les contacts interpersonnels sont la meilleure façon pour nous de trouver la main-d'oeuvre que nous recherchons.»
>
> – Pierre Bourassa, Microcell

«Les meilleurs ambassadeurs d'une entreprise, ce sont les stagiaires!» dit Maryse Deschênes, directrice du service de placement de Polytechnique. Renseignez-vous et échangez avec vos collègues de classe au sujet de leur stage. Utilisez vos nouvelles sources en entreprise pour savoir ce qui se passe dans la compagnie. «Beaucoup d'entreprises naissent comme des champignons et disparaissent aussi vite, poursuit Mme Deschênes. Il faut se tenir au courant de la santé des entreprises visées. Pas besoin d'avoir accès aux rapports financiers pour ça, mais il est bon de discuter avec des collègues : Embauche-t-on beaucoup? Les contrats affluent-ils? Les concurrents les distancent-ils rapidement?»

Un réseau de contacts et son système de bouche à oreille permet de bien se faire connaître auprès d'un employeur visé. Certaines entreprises, comme Microcell, ont pratiquement instauré un système pyramidal pour trouver leurs futurs employés. «Les contacts interpersonnels sont la meilleure façon pour nous de trouver la main-d'oeuvre que nous recherchons», dit Pierre Bourassa,

directeur des systèmes de service à la clientèle. ∎

Note : Outre les personnes mentionnées dans le texte, les renseignements contenus dans cet article sont également inspirés des ressources suivantes : Johanne Noiseux, de chez OKA, firme de placement; Linda Gosselin, de la direction des ressources humaines, Discreet Logic; The No-Nonsense Guide to Computing Careers, acm Press, New York, 1993.

À ne pas négliger :

Visitez les sites Internet des différentes entreprises. La plupart en ont et ils constituent en général une bonne introduction à la compagnie. Souvent, comme chez Softimage, on peut y déposer son c.v.; cette entreprise se sert régulièrement de son site pour effectuer du recrutement.

Bâtir ensemble le

Demain,
vous aurez à bâtir...
des maisons pour y vivre,
des musées pour faire rayonner
votre talent,
des spectacles pour exprimer
vos émotions,
des villes entières pour vous
épanouir,
des navettes pour explorer de
nouveaux mondes...

Bref... toute une planète à redessiner.

Ce monde de demain repose
sur la mise en commun de vos
talents, de votre créativité, de
votre matière grise.

L'informatique occupe une place
centrale dans la réalisation de
ce nouveau monde. Pour
chaque grand projet, un
spécialiste en informatique
met à profit son savoir-faire
pour appuyer l'expertise des
autres disciplines.

L'informatique,
pour réinventer le monde.

monde de demain

Centre de recherche informatique de Montréal

www.crim.ca

CRIM

LES GRANDES INDUSTRIES

Le tour du globe

➤ par Mario Dubois

Christophe Colomb a mis des mois sur son bateau pour franchir l'Atlantique avant de rencontrer les Indiens d'Amérique. Maintenant, le téléphone, la radio, la télévision, l'informatique, Internet et le satellite relient les peuples du globe en quelques instants! Si bien qu'aujourd'hui, entrer en contact visuel et sonore avec un Japonais prend généralement moins de temps que d'aller chercher un litre de lait chez le dépanneur du coin...

Toutes les découvertes en matière de télécommunications transforment peu à peu la planète bleue en une espèce de gros village. Elles englobent la téléphonie (conventionnelle, cellulaire, sans fil, téléavertisseur) et la câblodistribution (câble, fibre optique, satellite). Ce sont des secteurs d'avenir dans lesquels le Québec tire très bien son épingle du jeu à l'échelle mondiale. Les entreprises d'ici développent des systèmes de communication dans le but de rendre les échanges humains plus vivants, rapides, faciles, utiles et divertissants. Les applications dérivées sont nombreuses et diversifiées.

Par exemple, Spar Aérospatiale se spécialise dans la conception et la fabrication de dispositifs de communication pour satellites. La compagnie de Sainte-Anne-de-Bellevue s'engage notamment dans la construction des antennes et des bras de télémanipulation de la future station orbitale internationale. La société a déjà livré le système de télédétection Radarsat.

> **«Toutes les compagnies rêvent chacune de leur côté d'offrir à la clientèle un service global comprenant le téléphone, le sans fil, la télé, le câble, le satellite, le multimédia et les autoroutes de l'information.»**
>
> – José Joyal, Consortium UBI

«L'appareil retransmet sur terre des données très importantes, signale son porte-parole Graham Maag. Les scientifiques analysent la couche d'ozone, la fonte des glaciers, la déforestation.» Les militaires se servent aussi des engins satellitaires en vue de retracer, entre autres, les sites d'armes nucléaires, les bases d'opération, etc.

Le Consortium UBI propose une gamme de produits interactifs, multimédias et transactionnels par le biais du réseau de câblodistribution. Muni d'un terminal, d'une télécommande et d'une mini-imprimante, l'usager accède à des services complémentaires à ceux du câble : courrier électronique, télé-achat, paiement de factures, formation à distance, jeux vidéo.

«Nous entendons introduire Internet sur le câble, explique José Joyal, vice-président technologie du groupe formé de Vidéotron et d'une demi-douzaine d'entreprises d'ici. Il s'agit d'un nouveau médium d'affichage. Au lieu de surfer grâce au clavier d'ordinateur, vous pourrez voyager dans le cyberespace en utilisant un instrument de navigation relié à votre téléviseur.»

Le règne numérique

Les experts s'attendent à ce que les sociétés multinationales du câble, du téléphone et de satellite adoptent une technologie commune basée sur l'approche numérique dans les années 2000. «Toutes les compagnies rêvent chacune de leur côté d'offrir à la clientèle un service global comprenant le téléphone, le sans fil, la télé, le câble, le satellite, le multimédia et les autoroutes de l'information», signale José Joyal. L'avenir appartiendrait aux propriétaires des réseaux des télécommunications sans fil, selon Graham Maag. «Une fois que vos satellites sont expédiés dans l'espace, tous les frais d'exploitation des infrastructures au sol ne sont rien par comparaison avec ceux que doivent absorber nos compétiteurs (fibre optique et câble).»

Étant donné la concurrence internationale et les coûts énormes liés à la mise à jour constante de la technologie, les entreprises canadiennes conviendront peut-être d'unir leurs efforts dans l'adversité. «Les producteurs de matériel informatique (logiciels et ordinateurs) n'ont pas le même rythme de croisière que nous, reconnaît José Joyal. Ils sortent des gadgets qui forcent les compagnies du câble et de téléphone à renouveler leur parc d'équipements de plus en plus rapidement. Cela pose des problèmes de financement et de commercialisation auxquels nous devons faire face.»

L'entrée au pays des géants

La course technologique au pays des géants des télécommunications crée des besoins très pointus en personnel. L'industrie recherche des techniciens affectés à la conception et à la gestion des têtes de lignes de réseaux. Elle convoite aussi des jeunes spécialisés dans le contrôle des équipements à distance, la surveillance de la qualité des signaux, l'ajustement bidirectionnel, l'installation de cartes dans les ordinateurs des clients. Les concepteurs des systèmes et des logiciels de même que les ingénieurs en radiofréquences ont la cote.

> «Les carrières à l'étranger sont nombreuses chez nous parce que presque tous nos clients se situent à l'extérieur du pays. Nous privilégions les gens soucieux de la dimension internationale, prêts à voyager et capables de travailler en milieux multiculturels.»
>
> – Graham Maag, Spar Aérospatiale

Mais l'embauche massive viendra surtout des préposés à la vente et au ▶

Aux quatre coins du monde

«J'ai toujours adoré les maths et la physique. Je savais que je deviendrais ingénieure en cinquième année du secondaire. Les téléphones et les gadgets électroniques m'attiraient déjà. À l'époque, je m'imaginais concevoir des concepts plus simples et faciles d'usage.»

Ce n'est pas un hasard si **Maryse St-Germain** occupe le fauteuil de directrice des programmes à la firme Communications Ericsson, filiale montréalaise du géant suédois des télécommunications. La jeune cadre de 35 ans coordonne les activités reliées à la recherche et au développement des logiciels qui font fonctionner les commutateurs de téléphonie cellulaire et de transmission de données sans fil.

«Mon travail consiste à rendre la tâche plus facile aux gens affectés à la conception, au design, à l'assemblage, aux tests et au soutien technique. Je suis d'autant mieux placée que j'ai touché à ces aspects de près ou de loin depuis mes débuts ici en 1989. Je fournis donc toute l'information stratégique requise (calendrier des activités, orientations de recherche, pistes de réflexion, outils) aux personnes concernées. De cette manière, on conjugue mieux nos efforts vers l'aboutissement d'un produit inédit de qualité», explique Maryse.

Son équipe a raffiné les fonctions du téléphone cellulaire en intégrant l'appel en attente, l'affichage numérique de l'interlocuteur, la boîte vocale. Certaines modifications ont réduit l'interférence durant la transmission. On a inventé un système de brouillage contre les «raccourcis» frauduleux des adeptes du sans fil. Sorte de relais des télécommunications mobiles, les postes à ondes courtes installés au sommet des édifices constituent une autre application technologique fort utile aux compagnies de téléphone. «Les innovations se multiplient, souligne-t-elle. L'évolution de la technologie s'accélère. Elle alimente ce vif désir d'apprendre et de comprendre qui m'animait tant au secondaire dans le laboratoire de physique.»

Autre volet crucial de ses attributions, Maryse se rend à l'étranger une fois par mois. Elle s'assure que les logiciels de l'entreprise multinationale se marient bien aux composantes fabriquées dans d'autres succursales en Europe (Irlande, Suède, Allemagne), en Océanie (Australie) et en Amérique (États-Unis et Mexique). «J'ai la chance d'évoluer dans un marché vraiment dynamique en pleine expansion. Je mesure toute l'étendue des progrès entre deux vols d'avion. C'est que je côtoie des professionnels du milieu provenant de différents horizons culturels et disciplinaires aux quatre coins du globe.»

Son mérite est d'autant plus grand qu'elle combine à la fois les rôles de mère, d'épouse et de cadre féminin. N'est-ce pas un emploi du temps plutôt épuisant à la longue? «Ce n'est pas évident, admet-elle. J'élève un garçon de 12 ans et une fille de 6 ans. Heureusement, je bénéficie du soutien d'un très bon mari. Nous partageons les responsabilités. C'est une question d'organisation. Je fais un peu de lecture et je dépouille mon courrier lorsque les enfants dorment. Mais il faut savoir marquer un temps d'arrêt lorsqu'on met les pieds à la maison. Sinon on risque de sombrer dans le *burnout*. Quand je pars en voyage à l'extérieur du pays, je dois déléguer mes tâches domestiques, voir au gardiennage. Le séjour à l'hôtel me procure un petit répit sur ce plan.»

Maryse estime que sa formation universitaire en ingénierie, enrichie d'une spécialisation dans le domaine de l'électronique et des télécommunications, l'a bien préparée aux exigences techniques de l'industrie. «La capacité d'analyse et l'aptitude à la recherche m'ont aidée à assimiler les spécifications des produits ainsi qu'à flairer les débouchés technologiques du futur», précise-t-elle. Il faut dire que sa personnalité a pesé lourdement dans la balance de son ascension rapide. À plus forte raison parce qu'elle débarquait dans un milieu autrefois réservé aux hommes. «Mais quel que soit le sexe, dit-elle, tous les employeurs vous diront de nos jours qu'ils apprécient avant tout les gens passionnés, créatifs, dynamiques. Ceux qui désirent faire avancer les choses.»

▶ service à la clientèle, selon une analyse sectorielle publiée par la Société québécoise de développement de la main-d'oeuvre (SQDM) en juin 1997[1]. En effet, on travaille fort à faire valoir la qualité, l'image et la diversité des produits et des services sur le marché.

À elle seule, Spar Aérospatiale escompte engager quelque 450 personnes d'ici la fin de 1998. Le recentrage de ses activités de production nécessite plus de concepteurs, d'opérateurs et d'assembleurs. L'entreprise prévoit faire la cour aux ingénieurs issus de diverses formations (design, ingénierie thermique, électrique, systèmes de communication, micro-ondes, assurance-qualité, etc.). «Les carrières à l'étranger sont nombreuses chez nous parce que presque tous nos clients se situent à l'extérieur du pays, fait remarquer Graham Maag. Nous privilégions les gens soucieux de la dimension internationale, prêts à voyager et capables de travailler en milieux multiculturels.»

Dans l'ensemble, les embauches sont surtout très spécifiques dans le domaine des télécommunications, prévient-on dans l'étude de la SQDM, malgré les hauts chiffres d'affaires qui le caractérisent. Par exemple, on mentionne celui de l'industrie de la téléphonie cellulaire, qui augmente de 30 à 40 % par année : or, cette hausse n'a pas nécessairement de grosse incidence sur l'emploi.

Cela dit, les candidats qui se distinguent sont recherchés : ils doivent posséder des aptitudes en communication, être parfaitement bilingues, parfois trilingues et, si possible, avoir du flair en ce qui concerne le développement d'affaires. ▶

---

1. *Synthèse, secteur des télécommunications (services), SQDM, juin 1997.*

Des gros sous

Il y a de gros, gros sous en jeu dans l'industrie des télécommunications. Il semble acquis que les entreprises de ce domaine vont passer à la caisse au cours du prochain siècle, qui sera consacré aux technologies de l'information.

Le marché mondial (tous créneaux confondus) se chiffre en centaines de milliards de dollars! Les revenus provenant seulement de la diffusion et de la transmission s'élevaient à 6,5 milliards de dollars au Québec en 1995. Il s'agirait d'une hausse de plus de 25 % par rapport à 1991, selon une analyse préliminaire du ministère de l'Industrie, du Commerce, de la Science et de la Technologie [1]. La courbe ascendante de l'ensemble des investissements en matière d'immobilisations, de recherche et de développement témoigne de la vigueur de cette grappe industrielle stratégique pour l'essor de l'économie.

Sur la scène mondiale, le seul secteur de la fabrication informatique d'engins satellitaires représentait 8,9 milliards de dollars en 1996. Il atteindra 14,5 milliards de dollars autour de l'an 2000. Durant cette période de quatre ans, les recettes devraient doubler chez les opérateurs de systèmes, passant de 22,7 à 45,6 milliards de dollars. «Et ce n'est que la pointe de l'iceberg du potentiel dans le domaine», estime Graham Maag, porte-parole de Spar Aérospatiale.

Le champ d'activité des télécommunications générerait jusqu'à 40 000 emplois dans la province de Québec, dont la plupart se concentrent dans la grande région de Montréal. Bien que ce secteur ait subi une bonne cure d'amaigrissement (fusions, réorganisations) parmi les gros joueurs de l'industrie, le volume global de travailleurs actifs aurait tout de même augmenté (quelques milliers) entre 1991 et 1995, d'après une simple extrapolation des données publiées par Statistique Canada. L'apparition de nouveaux débouchés (communications sans fil, satellite) annoncerait des jours prometteurs au cours des dix prochaines années. ■

---

1. *Industrie québécoise des technologies d'information*, Analyse préliminaire, MICST, août 1997.

Formations reliées à ce secteur

Formation collégiale

- Technologies de l'électronique (option télécommunications)
- Technique en informatique

Offertes dans la plupart des cégeps.

Formation reliée au service à la clientèle

(Ex. : centres d'appels des entreprises)

- Attestation d'études collégiales offerte aux cégeps de Rosemont et Dawson

Formation universitaire

- Génie électrique (spécialisation communications)
- Génie informatique
- Informatique de gestion

Offerts dans plusieurs universités.

Formation continue

Cégep de Maisonneuve :
- Programme en câblodistribution
- Monde de l'industrie de la câblodistribution
(Voir aussi en page 108.)

Cette liste sert d'aperçu général seulement.

Des emplois pour les jeunes

De manière générale, l'impression est donnée que le MICST se préoccupe peu des jeunes et pourtant...

Par les diverses mesures d'aide mises en place au cours des dernières années, le MICST contribue à ce que des milliers de jeunes trouvent leur place dans la société industrielle d'aujourd'hui et, plus particulièrement, dans les secteurs de pointe requérant des compétences en science et en technologie, en entrepreneuriat ou en affaires internationales.

Que ce soit par le Placement étudiant du Québec (PEQ), qui permet à des jeunes d'occuper des emplois d'été dans la fonction publique et d'effectuer des stages rémunérés en entreprise à longueur d'année, par le programme Impact PME ou le Programme d'amélioration des compétences en science et en technologie-volet Forma-Stage (PACST), qui donnent aux entreprises les moyens d'embaucher du nouveau personnel diplômé de niveau collégial ou universitaire, ou encore, par les services offerts aux entrepreneurs dans les Services d'aide aux jeunes entrepreneurs, le MICST se soucie d'assurer la relève en entreprise. Il y va de l'essor économique du Québec.

Pour plus de renseignements, communiquez avec le PEQ au :

1 800 463-2355

ou

Consultez les sites Internet suivants :

www.micst.gouv.qc.ca
www.saje.qc.ca

Vous pouvez également obtenir par télécopieur de la documentation sur le programme Impact PME (doc. n⁰ 1559), le PACST (doc. n⁰ 1558) et le PESES (doc. nᴼˢ 1252, 1554 et 1560) en appelant au :

(514) 873-8335
1 800 565-6428

Gouvernement du Québec
Ministère de l'Industrie, du Commerce,
de la Science et de la Technologie
Direction du Placement étudiant

Vendre des solutions

➤ par Claudine St-Germain

L'actif des firmes de consultation informatique se trouve dans le cerveau de leurs employés. De l'expertise technique, de nouvelles façons d'organiser le travail et une vision d'avant-garde, voilà ce que ces compagnies vendent aux entreprises qui veulent optimiser leurs ressources informatiques. Dans un monde où les systèmes d'information se développent à la vitesse de l'éclair, elles sont plus indispensables que jamais.

Dans les années 1970, les conseillers en informatique étaient des spécialistes techniques, engagés par des entreprises pour implanter de gros systèmes informatiques. Aujourd'hui, on leur demande d'analyser les processus d'affaires, de déterminer le rôle que les technologies d'information joueront au sein de l'entreprise, de gérer les effets de leur implantation, de s'occuper des modes de communication, comme les intranets et les clients-serveurs... Pas étonnant que le visage de la profession ait radicalement changé au fil des ans!

«Le volet gestion est venu parce que les conseillers installaient des systèmes et veillaient à ce que ça fonctionne techniquement, mais ça répondait rarement à ce que les gestionnaires voulaient, explique Julien Fauteux, directeur-conseil chez le Groupe CGI. On s'est dit que les systèmes ne servaient à rien

en dehors d'une activité d'entreprise et que pour comprendre cette activité-là, ça prenait des éléments de gestion.»

> «Il n'est plus suffisant d'avoir une expertise en technologie informatique. Il faut aussi penser à la méthodologie de travail, à la gestion du changement, bref, à réussir l'arrimage de la technologie d'information avec l'entreprise.»
>
> – Guy Piché, Groupe DMR

Voilà pourquoi les firmes-conseils en informatique comptent désormais un volet gestion, indissociable du volet plus technique. «En fait, c'est la façon de voir les systèmes d'information qui a beaucoup évolué, croit Guy Piché, directeur de l'offre de services et pratiques pour le Groupe DMR. Le système est devenu le support et non plus celui qui *drive*. Voilà pourquoi il n'est plus suffisant d'avoir une expertise en technologie informatique. Il faut aussi penser à la méthodologie de travail, à la gestion du changement, bref, à réussir l'arrimage de la technologie d'information avec l'entreprise.»

Voir loin et grand!

Le développement des technologies a aussi conduit les firmes de consultation à diversifier leurs services. Les bases de données, les réseaux de communication, le multimédia, toutes ces innovations se développent à une vitesse vertigineuse et donnent des maux de tête aux administrateurs d'entreprise, pas toujours familiers avec la haute technologie informatique. Voilà pourquoi ils font de plus en plus appel aux conseillers, dont c'est le travail d'être à l'avant-garde dans le domaine. «On doit avoir une vision à long terme, pour anticiper ce qui s'en vient», confirme Luc Filiatrault, vice-président du Groupe Informission.

> **Un autre service en expansion est l'impartition, la gestion intégrale de systèmes pour les entreprises. C'est ce que fait le Groupe CGI avec une institution bancaire de l'ouest du Canada.**

Concrètement, les services des firmes-conseils et de gestion en informatique sont très variés. Il peut s'agir, par exemple, d'implanter dans une entreprise un progiciel qui prendra en charge toutes les applications informatiques, des ressources humaines au réseau de distribution. Au Groupe Informission, un quart des activités sont plus centrées sur le côté scientifique et industriel et s'adressent au milieu manufacturier. «Par exemple, une entreprise qui fabrique des calculatrices veut s'assurer d'avoir 100 % de qualité à la sortie de sa chaîne de production. Nous, on va créer un système informatique avec un petit robot qui va tester les calculatrices pendant qu'elles sont en fabrication», explique Luc Filiatrault.

Un autre service en expansion est l'impartition, la gestion intégrale de systèmes pour les entreprises. C'est ce que fait le Groupe CGI avec une institution bancaire de l'ouest du Canada. «On gère et on fait fonctionner tout leur réseau de guichets, raconte Julien Fauteux. On les a débarrassés de l'achat et de la gestion technologique parce que, pour eux, ça devenait très complexe. Nous avons le personnel et les ressources financières pour concrétiser ça.»

Cette complexification de la demande exige désormais des conseillers non seulement une certaine expertise technique, mais également une bonne connaissance du secteur d'activité de leurs clients. C'est pour cette raison que les grandes firmes se concentrent dans certains domaines, comme la distribution au détail, les finances ou les transports.

Une constante adaptation

Quand on demande aux représentants des firmes-conseils quelles sont les qualités requises pour être un bon consultant, une caractéristique revient toujours : il faut aimer le changement. «Un des défis du travail en consultation, c'est la constante adaptation, affirme Luc Filiatrault. On travaille sur un projet pour une certaine période, on monte ▶

Quand on aime les défis!

Depuis ses débuts en consultation, **Daniel Joubert** a travaillé pour Hydro-Québec, la Banque Laurentienne, l'Agence spatiale canadienne, et il passe actuellement ses journées chez Métro-Richelieu. Il a fait de la programmation, de la recherche, de la gestion de projets... La routine? Connaît pas!

À 28 ans, Daniel est conseiller principal chez Caron, Bélanger, Ernst & Young, l'une des plus grandes firmes-conseils au monde. Mais il n'est jamais au luxueux bureau montréalais de l'entreprise : il passe plutôt son temps chez son client du moment, jusqu'à ce que le projet en cours se termine et qu'il soit affecté à un nouvel endroit, dans une nouvelle équipe, parfois même dans une ville différente.

«En gros, il faut traduire le problème que nous soumet le client en problème d'affaires, et voir ensuite comment une solution informatique pourrait y répondre», explique Daniel. Le rôle joué par un consultant dans un projet diffère selon ses compétences et son expertise. S'il est spécialisé en problèmes d'affaires, il sera présent dès la phase d'analyse du projet. S'il se concentre plutôt du côté de la technique, il sera plus utile lors de la phase d'implantation du système dans l'entreprise.

Chez Métro-Richelieu, Daniel fait partie d'une petite équipe de conseillers qui travaillent en étroite collaboration avec les employés de l'entreprise de distribution alimentaire. «Je suis spécialisé dans la gestion de matériel, explique Daniel. Je fais équipe avec un représentant du service de l'informatique et un autre des achats, et ensemble nous définissons les besoins du service des achats. C'est à moi de poser des questions et d'aller chercher les informations qui vont m'aider à maîtriser le progiciel que je vais implanter dans l'entreprise.» L'empathie, la communication et la diplomatie sont donc des qualités importantes pour mener le projet à bon port et pour livrer des solutions gagnantes.

Au secondaire, Daniel Joubert savait que plusieurs passions animeraient sa vie. Il aimait déjà les maths quand il a eu la piqûre pour l'informatique lors d'un cours optionnel. Mais il était

aussi attiré par tout ce qui touche le milieu des affaires. «Je me faisais un plaisir de regarder les cotes de la bourse dans le journal et de choisir les actions que j'achèterais si j'étais riche.»

Quelques années plus tard, il découvre un programme universitaire qui semble avoir été conçu pour lui : le baccalauréat en informatique de gestion, un programme réunissant les mathématiques, l'informatique et la gestion de l'administration. «J'aurais pu me concentrer en informatique pure, mais il y manquait le côté affaires, qui me sert beaucoup aujourd'hui. Et puis, à ne faire que de l'informatique, je me serais ennuyé. J'avais besoin de plus d'horizons.»

À l'Université de Sherbrooke, qu'il a choisie pour son régime coopératif, Daniel effectue des stages chez Hydro-Québec et le Groupe DMR, qui lui offre un emploi à la fin de ses études, en 1991. Tout en se familiarisant davantage avec le domaine de la consultation, il complète une maîtrise en informatique de gestion à l'UQAM. «J'avais le goût de me développer davantage, particulièrement du côté des affaires et de la gestion de projets.»

Daniel avait raison puisqu'en arrivant chez Caron, Bélanger, Ernst & Young, quelque temps plus tard, il se voit confier la gestion d'un projet. «On développait un système d'assurance, de A à Z. J'ai fait les échéanciers pour notre petite équipe, les gens ont reçu une formation, se sont familiarisés avec la nouvelle technologie, et on s'est mis au travail!»

La formation est un élément très important en consultation, les demandes de la clientèle et les nouvelles technologies évoluant fort rapidement. L'an dernier, Daniel a passé cinq semaines à Dallas pour se familiariser avec le progiciel SAP, un système qui gère toutes les applications informatiques d'une entreprise, de la comptabilité aux ressources humaines en passant par la gestion de matériel. Cette expertise a ouvert de nouvelles portes à Daniel, lui permettant de jouer des rôles différents au sein des projets de la firme et de développer encore plus ses connaissances en gestion des affaires. «C'est ça qui est passionnant en consultation : il y a toujours de nouveaux défis qui nous attendent!»

▶ une équipe, on achète le matériel, on réalise le projet et quand c'est fini, on recommence dans un autre domaine, chez un autre client... Il n'y a jamais de routine.»

Une grande ouverture d'esprit, une bonne dose de curiosité et une volonté d'apprendre sont aussi nécessaires. «Pour monter un système d'assurance-vie, il faut que nos consultants comprennent les grands principes de ce domaine, même s'ils ne sont pas spécialistes là-dedans, poursuit Luc Filiatrault. Il faut former une équipe avec le client, comprendre ce qu'il fait pour trouver des solutions informatiques.» Pendant sa carrière, un consultant peut ainsi se familiariser avec des domaines aussi divers que la construction de moteurs d'avion, les systèmes d'admission à l'université, la gestion d'un barrage électrique...

Avoir une bonne capacité d'adaptation signifie également être prêt à se renouveler et à investir dans sa formation tout au long de sa carrière. Les grandes firmes-conseils offrent d'ailleurs à leurs consultants des programmes de formation, selon leurs aspirations et leurs aptitudes.

«On a développé des cours de formation pour que nos consultants ne soient pas limités dans un créneau, explique Guy Piché. Ce n'est pas parce qu'ils commencent leur carrière en programmation qu'ils vont la finir là! On les aide dans leur gestion de carrière. S'ils ont un centre d'intérêt en particulier, on va leur faire suivre des cours, à l'interne ou ailleurs.»

Toutefois, le secteur de la consultation et les nouvelles technologies évoluent si rapidement que bien malin serait celui qui pourrait prévoir exactement quel sera le métier de consultant au troisième millénaire. Avis à ceux qui n'ont pas peur des défis! ▶

Vers la mondialisation

Les grandes firmes-conseils en informatique grossissent actuellement à un rythme phénoménal, notamment à cause de plusieurs fusions et rachats. Le Groupe DMR a été acheté en 1995 par Amdahl, l'un des plus grands fabricants d'ordinateurs au monde, et compte maintenant 6 000 spécialistes sur quatre continents. Le Groupe CGI, qui comptait environ 750 employés en 1991, en a aujourd'hui 3 650 et s'attend à augmenter ce nombre de 1 500 d'ici la fin du siècle.

Un des facteurs expliquant cette effervescence est le phénomène de l'an 2000. Une grande partie des systèmes informatiques construits entre 1960 et 1980 fonctionnent avec une horloge qui s'arrête à 1999. Pour les amener à l'an 2000, il faut les convertir ou carrément les remplacer, ce qui représentera, à l'échelle mondiale, des coûts de plus de 600 milliards de dollars US, selon le Groupe Gartner, des consultants américains. Or, bien des entreprises commencent à peine à s'inquiéter de ce problème, ce qui amènera inévitablement une rareté des ressources pour les prochaines années. Le Groupe Informission a d'ailleurs augmenté son chiffre d'affaires de 60 % depuis qu'il a formé un consortium avec IBM et le Groupe CGI pour produire un logiciel de conversion à l'an 2000.

Ce que réserve l'avenir dans ce secteur? La mondialisation des marchés forcera sûrement les joueurs canadiens à se regrouper encore afin de s'imposer à l'échelle internationale. D'un autre côté, les pigistes pourraient aussi profiter de la course folle du développement technologique en misant sur une expertise très spécialisée. Dans l'ensemble, la complexification sans fin des nouvelles technologies placera sans doute les firmes de consultants dans une position plus stratégique que jamais. ■

Formations reliées à ce secteur

En consultation, seule une simple base en programmation, acquise au cours de la plupart des baccalauréats en informatique, est nécessaire. Plutôt qu'une spécialisation très technique, les firmes-conseils recherchent avant tout des qualités personnelles, comme la facilité d'apprentissage, l'autonomie et la communication.

Notons que le bac en informatique de gestion, alliant l'informatique, les mathématiques et la gestion, donne des atouts importants en ce qui concerne notamment l'organisation des entreprises, le milieu des affaires et la gestion de projets.

(Voir aussi en page 108.)

Les nouveaux cerveaux

➤ par Mario Dubois

Qu'ont en commun la billeterie d'un concert rock, le tableau d'affichage électronique de la Bourse de Montréal, le robot culinaire, la plate-forme de jeu Super Mario et le guichet automatique? Un logiciel.

Ce petit futé fait tellement partie des moeurs que sa présence passe presque inaperçue. Mais il vaut son pesant d'or puisqu'en animant toutes ces machines, il libère davantage de temps pour accomplir des tâches plus créatives, amusantes, productives... et rentables!

Filiale québécoise du géant mondial BAAN, le Groupe Berclain propose des applications à vocation industrielle qui synchronisent et planifient les opérations automatisées des usines. Ces logiciels déterminent par exemple le type de machines, le nombre d'employés, la nature des outils, la quantité d'articles et la matière première dont l'atelier a besoin. En cas de bris, ils redistribuent l'ouvrage sur le reste de la machinerie. L'ouvrier surveille le fonctionnement d'une console d'écrans et de cadrans. «Le géant de l'aluminium Alcan a pu ainsi réduire son cycle de fabrication de 23 à 8 jours», affirme Martin Morel, vice-président recherche et développement de Berclain.

Pour sa part, ATS Aérospatiale met au point les logiciels destinés aux simulateurs de formation pour les contrôleurs aériens et les officiers de l'armée. Ces pièces maîtresses reproduisent l'environnement tridimensionnel et sonore des bases aériennes, des postes de radar, des stations d'interception de missiles et des ponts de navire. L'apprenti pilote de défense antiaérienne s'installe dans un engin virtuel et interactif. L'ordinateur lui présente différents scénarios de tâches à réaliser en cas d'attaque. Il se familiarise avec les cibles, le traçage multiradar, le brouillage d'ondes.

> «On va probablement devoir se concentrer dans certains créneaux. L'évolution rapide de la technologie diminue le temps de développement des logiciels. Cela entraîne une hausse importante des coûts.»
>
> – Michèle Guay, Centre de promotion du logiciel québécois (CPLQ)

Cela permet «une prise de décision plus efficace et rapide des travailleurs, et des économies appréciables» pour le service des ressources humaines, souligne Amy C. Friend, vice-présidente exécutive de la société de Saint-Bruno, en banlieue sud de Montréal.

> **«L'un des grands défis de notre marché reste l'harmonisation des logiciels et des codes de procédures entre les fournisseurs, les producteurs et les clients.»**
>
> – Martin Morel, Berclain

Ce ne sont là que quelques exemples bien partiels des possibilités infinies offertes par la conception de logiciels. Comme on le voit, les applications sont nombreuses et touchent une grande variété d'industries et de produits. Leur influence touche tant notre quotidien que le développement économique et commercial du Québec, voire à l'échelle mondiale.

Vers l'harmonisation

L'industrie du logiciel québécois s'est particulièrement développée au cours des quinze dernières années. Le Québec compterait au-delà de 2 000 produits nés dans une trentaine de secteurs différents. Le secteur manufacturier, la gestion des points de vente, la comptabilité, la géomatique, les services médicaux, l'éducation et le multimédia sont les domaines où les chances de survie et de croissance des applications sont actuellement les meilleures. En fait, plus généralement, là où il y a un bassin d'acheteurs suffisant. Concepteurs, fabricants de systèmes informatiques, firmes spécialisées dans l'adaptation technologique et fournisseurs de services sont parmi les principaux acteurs de cette industrie.

«On a "semé" assez large chez nous, fait observer Michèle Guay, présidente du Centre de promotion du logiciel québécois (CPLQ). On va probablement devoir se concentrer dans certains créneaux. L'évolution rapide de la technologie diminue le temps de développement des logiciels. Cela entraîne une hausse importante des coûts.»

On prévoit que 50 % des entrepreneurs se spécialiseront dans le multimédia en l'an 2000. «L'un des grands défis de notre marché reste l'harmonisation des logiciels et des codes de procédures entre les fournisseurs, les producteurs et les clients», signale Martin Morel.

Le défi du recrutement

Frein majeur à l'expansion de l'industrie, la main-d'oeuvre spécialisée est difficile à recruter dans un contexte où l'industrie évolue à un rythme endiablé.

> **«Trop de gens s'imaginent que ce sont des professions occupées exclusivement par des *nerds* qui reçoivent leur pizza en dessous de la porte!»**
>
> – Michèle Guay, CPLQ

«On ne fabrique pas des fauteuils qui vont meubler votre salon pendant dix ans! La durée de vie d'un logiciel est très courte. Nous sommes donc forcés de rafraîchir régulièrement les éléments technologiques de tous nos produits, confie le vice-président recherche et développement chez Berclain. Le manque de ressources qualifiées met beaucoup de pression sur les épaules des dirigeants. Tellement que nombre d'entre eux se tournent du côté de l'étranger, l'Inde ces temps-ci.»

▶

Au coeur
du monde virtuel

Jean-Louis Bertrand invente des logiciels susceptibles de bouleverser les modes de communication entre les humains dans les années 2000. Il conçoit des instruments de navigation informatique par lesquels les usagers visiteront des univers électroniques fabuleux. Ses trouvailles permettront un jour de matérialiser votre être numérique (traits physiques, voix, pensées et émotions) dans le cyberespace, où vous façonnerez le monde de vos rêves avec d'autres internautes de la planète!

Ce crack du graphisme en trois dimensions (3D) ne sort pas d'un épisode de *Star Trek*. Il assume la présidence d'Uppercut, un fabricant de logiciels de modelage, de rendus d'image et d'animation. En compagnie d'une poignée d'amis, il a donné corps à sa passion de jeunesse en fondant son entreprise à Rouyn-Noranda en 1996. «Nous avons mis plus de cinq ans dans nos temps libres avant de commercialiser notre premier produit. L'idée de voir des gens partout sur la planète s'intéresser à nos innovations nous stimule, confie le technologue de 35 ans. Nous baignons dans la création pure. J'adore les effets spéciaux. On travaille tout en s'amusant.»

Son premier logiciel mis en marché (Beyond-3D Extreme) a impressionné les ingénieurs des géants californiens du multimédia, comme World Movers Show et Silicon Graphics. Beyond-3D Extreme propose d'innombrables scénarios tridimensionnels que l'usager peut créer en temps réel dans n'importe quel site Web sur Internet. Cet outil facilite le travail des graphistes, architectes, paysagistes, décorateurs, chercheurs. Les manufacturiers de jeux électroniques salivent et les usines ne tarderont pas à l'adopter pour élaborer leurs prototypes. Les débouchés sont énormes : on parle d'un rayonnement d'envergure mondiale.

«En combinant des modèles mathématiques, nous sommes capables d'aménager des univers synthétiques hyperréalistes. On les meuble d'objets aux couleurs, aux formes, aux matériaux et aux textures multiples. (Par exemple), je pourrais vous filmer pour vous faire défiler dans une scène de bande dessinée animée en 3D, de telle sorte qu'on ait la nette impression que c'est la création imaginaire qui regarde la réalité...», décrit cet autodidacte originaire de l'Abitibi.

Lui et sa dizaine d'employés complices mijotent des applications révolutionnaires : un logiciel introduit la sensation de gravité; un deuxième permet à des «lunettes virtuelles» de reproduire en temps réel les objets 3D visualisés durant les déplacements de leur utilisateur. Un troisième s'attaque à la reconnaissance de la voix humaine par l'ordinateur. «Bientôt, poursuit-il, vous taperez sur le clavier votre avatar personnel (code graphique de votre identité). Vous n'aurez ensuite qu'à donner quelques directives dans un micro rattaché à un casque d'écoute. Votre "double électronique" conversera avec celui de votre interlocuteur sur Internet, interagira physiquement avec lui. Vous exprimerez vos idées, vos états d'âme, vos intentions, vos actions, que vous verrez à l'écran...»

Jean-Louis trouve son inspiration à sa maison de campagne située en bordure d'un lac privé. Il passe plus de quinze heures par jour au boulot, côtoyant les écrans multicolores et les indicateurs d'accessoires sophistiqués, lisant des quantités de revues spécialisées, surfant sur Internet, consultant ses techniciens, effectuant des tests. «Il ne suffit pas d'avoir des concepts, encore faut-il imaginer des logiciels répondant à des besoins réels, trouver du financement, des distributeurs et des partenaires.»

Une semaine sur deux, l'équipe de production se réunit au quartier général de la compagnie afin de partager ses découvertes. «Mon hobby et mon boulot ne font qu'un. Je travaille presque sept jours sur sept. On met le paquet parce que l'entreprise démarre à peine. Surtout que nous développons tous nos produits de A à Z. Nous préparons la nouvelle ère informatique, celle qui va proposer un usage simple des complexes technologiques.»

Toutes les carrières dans l'industrie du logiciel ne sont pas aussi exigeantes et *rock and roll* que la sienne. Jean-Louis a surtout acquis ses compétences par lui-même avec des camarades. Il recommande toutefois le cheminement classique des études collégiales et universitaires à saveur informatique. «Mais un gros cerveau rempli de connaissances ne sert pas à grand-chose sans la curiosité, la créativité, l'entregent, l'enthousiasme», prévient-il. Le physicien Albert Einstein n'en disait pas moins de son vivant, quand il soutenait que l'imagination mise au service de la raison conduit au Savoir.

▶ Programmeurs, concepteurs, développeurs d'applications graphiques, gestionnaires de projets, spécialistes de marketing technologique sont activement recherchés. Offrant de bons salaires, des emplois durables, note la présidente du CPLQ, ces métiers s'adressent théoriquement autant aux techniciens, aux technologues, qu'aux professionnels de tous horizons qui peuvent aussi mettre leur savoir à contribution ou créer des applications dans leur domaine particulier, tels que les avocats et les médecins. Actuellement, environ 60 % des artisans du milieu ont appris «sur le tas», estime-t-on. «Trop de gens s'imaginent que ce sont des professions occupées exclusivement par des *nerds* qui reçoivent leur pizza en dessous de la porte!» déplore Michèle Guay.

«Chez nous, on recherche le gène "ADN Berclain". C'est-à-dire l'employé en mesure de s'intégrer à nos équipes de travail.»

– Martin Morel, Berclain

«Nos gouvernements devraient mettre en place des stratégies de communication appropriées afin d'intéresser et d'attirer les jeunes vers ces domaines d'études», renchérit Amy C. Friend. Mais un joli curriculum vitae ne suffit plus : on veut voir comment vous saurez mettre vos atouts à profit dans le feu de l'action. Créativité, volonté d'apprendre, motivation, autonomie, ambition sont les mots d'ordre.

«Chez nous, confie Martin Morel, on recherche le gène, "ADN Berclain". C'est-à-dire l'employé en mesure de s'intégrer à nos équipes de travail. Un autre critère : on préfère la demande de pardon plutôt que la demande de permission de faire quelque chose.» L'initiative est donc une autre qualité à l'honneur.

▶

Explosion

L'industrie du logiciel québécois roule sur les chapeaux de roues. On assiste ces dernières années à une expansion fulgurante, autant en espèces sonnantes qu'en débouchés commerciaux. Le Québec compterait plus de 2 000 produits, dont certains font un malheur sur la scène internationale.

Le nombre d'entreprises aurait presque doublé depuis quatre ans! Le Québec en dénombrait 500 dans ce secteur en 1994. Il y en aurait maintenant près de 950, dont 800 concepteurs, selon une compilation du magazine *Info-Tech*[1]. Leur chiffre d'affaires global s'élèverait à pas moins de quelque 350 millions de dollars américains.

Une étude sommaire du ministère de l'Industrie, du Commerce, de la Science et de la Technologie [2] révèle qu'en 1995 les recettes déclarées par les compagnies québécoises oeuvrant dans les équipements et les services informatiques oscilleraient au-dessus des 2,7 milliards de dollars canadiens. Les gains les plus importants seraient attribuables en partie à l'essor colossal des producteurs de logiciels.

L'enquête d'*Info-Tech* recense 250 entreprises d'ici déclarant des recettes supérieures à 500 000 $. L'industrie présente la particularité d'être quasiment aussi jeune que le personnel qu'elle convoite! Dans la même enquête, on apprend que 82 % des entrepreneurs déclarent un revenu inférieur à 2,25 millions de dollars. Ils sont vulnérables sur le plan financier, face à la voracité des compétiteurs outre-frontière. Certains fleurons québécois, comme Softimage, DMR, Informatrix 2000, Berclain et Groupe IST, sont déjà tombés dans les pattes d'intérêts étrangers.

Au Québec, environ 15 % des PME productrices de logiciels jouent dans les plates-bandes du multimédia. Au début du XXIe siècle, cette proportion pourrait bien atteindre 50 % de l'ensemble des applications actuelles, selon le Centre de promotion du logiciel québécois. L'aide gouvernementale allouée en recherche et développement (crédits d'impôts), la stabilité de la main-d'oeuvre, les salaires peu élevés et le coût de la vie, raisonnable chez nous, encouragent les investisseurs et l'innovation. ■

---

1. Info-Tech, septembre 1997.
2. Industrie québécoise des technologies d'information, Analyse préliminaire, MICST, août 1997.

Formations reliées à ce secteur

Il s'agit principalement de programmes universitaires :

- Génie informatique
- Génie unifié
- Informatique-mathématiques
- Informatique et recherche opérationnelle

(Voir aussi en page 108)

- Génie physique
- Informatique
- Informatique de génie

Cette liste sert d'aperçu général seulement.

Un choix intelligent

Quand chaque seconde compte, nos systèmes d'appels d'urgence évolués 9-1-1 sont en action pour sauver des vies dans plus de 2500 points de service à travers l'Amérique du Nord et dans le monde entier. Positron offre un environnement centré sur la recherche et le développement à la fine pointe de la technologie en plus d'un milieu de travail axé sur les contributions person-nelles et le partage d'idées.

Notre produit "Power 9-1-1" est une station de travail spécialisée à haute fiabilité, dotée d'une architecture ouverte utilisant une inter-face usager graphique sophistiquée. On y retrouve également les fonctionnalités reliées aux communications téléphoniques et radio, aux bases de données relationnelles et hypertextes, ainsi qu'aux systèmes répartis. Grâce à ces caractéris-tiques, le produit "Power 9-1-1" favorise actuellement l'expansion substantielle de notre clientèle. Conséquemment, nous jouissons d'une croissance extraordinaire donnant lieu à des perspectives de carrières pour des professionnels énergiques et innovateurs qui souhaitent se joindre à notre équipe de calibre mondial et contribuer avec nous à l'amélioration de la qualité de vie.

Positron Inc.
5101 rue Buchan
Montréal (Québec) H4P 2R9
Téléphone: (514) 345-2200
Télécopieur: (514) 345-2258
Site Web: www.positroninc.com

POSITRON

L'orchestration du futur

➤ par Mario Dubois

Effets spéciaux au cinéma, images en trois dimensions sur cédérom, sites interactifs d'Internet : fascinant, tout cela? L'industrie toute récente du multimédia a en réserve d'autres découvertes encore plus délirantes qui pourraient bien changer le visage de l'humanité!

Le multimédia s'annonce comme l'instrument de communication par excellence des années 2000, selon les experts. D'abord un moyen de transmettre l'information sous diverses formes connues (texte, voix, données, graphiques, images, vidéo) à travers un support électronique (disque rigide, cédérom, disque vidéo numérique, site Web, Internet et intranet, terminaux interactifs), sa nouveauté tient dans le fait que les contenus ne livrent plus un message unique : ils fournissent plutôt des matériaux pouvant servir à la création d'innombrables scénarios personnels.

> «Je crois qu'il faudra attendre encore trois à cinq ans avant que notre créneau soit véritablement établi dans la société.»
>
> – Louise Guay, Public Technologies Multimédia

Les entreprises se servent du multimédia sous de multiples formes pour la publicité, la présentation d'affaires, la formation du personnel, la conception des produits. Le télé-achat, l'encyclopédie en 3D sur cédérom s'installent aussi dans les moeurs; le juke-box interactif fait son entrée dans les resto-bars. Tout récemment paraissait le *Musée de poche jeunesse* sur cédérom : le jeune devient le héros de sa propre mise en scène en créant des images à partir d'éléments digitalisés de la collection du Musée canadien de la civilisation, qu'il peut transférer sur un site Internet. Ainsi, il est en mesure de partager ses exploits avec d'autres interlocuteurs du monde entier!

L'enjeu de l'accessibilité

«Il faut absolument que les jeunes aient accès le plus rapidement possible aux machines, qu'ils soient branchés. C'est l'alphabet de la civilisation du futur. Le système d'éducation a sa part de responsabilités dans ce virage, au même titre que l'entreprise», fait observer

Louise Guay, présidente du groupe Public Technologies Multimédia, qui a conçu le *Musée de poche*. L'ère de la fameuse autoroute de l'information sera palpable lorsque les ordinateurs à la maison, à l'école et au boulot seront reliés à tous les médias compatibles : télévision, téléphone, câble, fibre optique, communication mobile, satellite, inforoute.

> **«Trouvez-moi 2 000 informaticiens qualifiés au pays, ils se dénichent un boulot demain! L'expansion phénoménale du marché laisse croire que les pénuries vont continuer à s'accentuer au fil des ans.»**
>
> – Éric Holdrinet,
> Centre de recherche informatique de Montréal (CRIM)

«Le multimédia atteindra sa pleine mesure quand la convergence des canaux sera complétée», corrobore Serge Carrier, président-directeur général de Micro-Intel, un des leaders québécois dans le marché du cédérom à Montréal.

«Je crois qu'il faudra attendre encore trois à cinq ans avant que notre créneau soit véritablement établi dans la société», renchérit Louise Guay. Selon Statistique Canada, un ménage canadien sur trois possède un équipement informatique, mais à peine 10 % profitent du cédérom et d'Internet.

Le Québec
en tête

Le Québec détiendrait cependant une longueur d'avance dans l'exploration multimédia. «La métropole est La Mecque mondiale du graphisme 3D»,

soutient Éric Holdrinet, conseiller en technologie au Centre de recherche informatique de Montréal (CRIM). La région métropolitaine dénombre la majorité des quelque 500 firmes oeuvrant dans ce domaine (si l'on exclut les services Internet). La plus connue est Softimage. L'un de ses logiciels a permis la création visuelle des dinosaures dans le film *Jurassic Park*.

Le problème, c'est que trop d'entrepreneurs s'arrachent les cheveux pour trouver de l'effectif technique. «Trouvez-moi 2 000 informaticiens qualifiés au pays, ils se dénichent un boulot demain! lance le porte-parole du CRIM. L'expansion phénoménale du marché laisse croire que les pénuries vont continuer à s'accentuer au fil des ans.»

> **«Nous privilégions des employés créatifs, curieux, dynamiques, polyvalents, autonomes, capables de travailler en équipe. Nous voulons des gens qui ne comptent pas leurs heures et qui s'insèrent bien dans notre culture d'entreprise.»**
>
> – Serge Carrier, Micro-Intel

L'industrie du multimédia a besoin de professionnels dans la recherche et le développement, la mise en forme des contenus, la production et la vente. Scénaristes interactifs, réalisateurs, concepteurs, designers visuels et de jeux, assembleurs, intégrateurs, programmeurs, animateurs 2D-3D, infographistes et vidéographes se trouvent dans la mire des employeurs. Sans compter les chargés de projets, responsables de l'interface, du soutien technique, du marketing technologique. ▶

Arts, communication et technique

«Je ne possède pas le profil classique du technicien pur. Je suis sensible aussi aux arts, aux communications. Seul l'univers du multimédia m'offre de combiner tous ces intérêts. J'évolue dans un milieu créatif. Le partage des connaissances multidisciplinaires abonde. Je m'engage dans divers projets dont chacun exprime une expérience humaine unique.»

À 30 ans seulement, **Grégory Saumier Finch** occupe le poste de vice-président recherche et développement chez Public Technologies Multimédia (PTM). Le cofondateur de cette entreprise de Montréal ne ressemble pas du tout au scientifique lunatique de laboratoire. Sa mission consiste à soutirer le meilleur rendement technique des technologies existantes pour que le message du client soit le plus efficace possible.

Par exemple, si une compagnie désire commercialiser certains produits, il lui propose différentes options adaptées à ses besoins : site Web sur Internet, véhicules promotionnels en trois dimensions (3D) sur l'inforoute, cédérom, catalogues interactifs, etc. Avec une troupe de collaborateurs, le dirigeant modifie la configuration du support informatique pour que l'usager puisse se servir avec aisance de toutes les applications possibles. «À la limite, notre défi consiste en quelque sorte à

faire disparaître la technologie pour qu'elle devienne de plus en plus efficace, transparente, accessible, conviviale et humaine», précise-t-il.

Grégory réalise des projets hors du commun. Il a participé à l'élaboration du concept d'un mannequin virtuel sur un site Internet destiné à faciliter les sélections vestimentaires : on répond à un questionnaire et on entre à l'ordinateur les coordonnées des mensurations (taille, poids, silhouette) à partir desquelles le système reproduit un double «virtuel» à l'écran. Il suggère ensuite les vêtements à porter et ceux à éviter! Le groupe Les boutiques San Francisco expérimente cette vitrine commerciale sur mesure depuis l'automne 1997. On prévoit ajouter un service en ligne pour les achats et conseils de modélistes.

À cause de l'explosion du multimédia attendue au cours du prochain siècle, le secteur s'engage dans la mise au point croissante d'agents «intelligents» comme celui-là. Pour se frayer un chemin dans ce domaine, il faut plus qu'un beau diplôme, qu'une bonne tête sur les épaules et qu'une imagination débordante, selon Grégory. «On doit pouvoir jeter un regard réfléchi sur la créativité et prendre beaucoup de décisions durant une journée, cela sans trop de supervision. Si, par exemple, tu intègres à ton système 3D une application d'un logiciel comportant un "bug" potentiel, tu t'efforces d'inventer un moyen d'éliminer le problème.»

En effet, mondes virtuels ou pas, les nécessités de production, elles, se nourrissent de réalisme et de réalité! À certains moments de l'année, le boulot éclipse la vie privée. Grégory passe souvent plus de cinquante heures par semaine au bureau. Il pilote en moyenne une quinzaine de projets de front avec différents groupes de travail. «Cela demande qu'on sache gérer notre temps et nos priorités», reconnaît-il, en soulignant que son statut de célibataire lui confère une plus grande marge de manoeuvre.

Mais la vie familiale résiste-t-elle à l'extase cybernétique au royaume enchanteur du multimédia? «On peut tout à fait concilier les deux, soutient Grégory. Il existe dans les organisations des niveaux de responsabilité qui s'y prêtent mieux.» Chaque profession présente des contraintes sociales largement compensées par l'envergure des défis technologiques à relever et le dynamisme du milieu de travail.

Grégory évolue dans un environnement regorgeant d'équipements sophistiqués encore plus étonnants qu'une plate-forme de jeu Nintendo. Un flot incessant d'employés déferle dans les corridors. «Je passe beaucoup de temps devant l'écran cathodique, décrit-il. On consulte également les services d'ingénierie, d'infographie, de marketing. Nous faisons régulièrement le point dans la salle de réunion. Nous échangeons des informations d'arrimage.» Nombre de détails techniques sont à examiner avant qu'on ne puisse attacher toutes les ficelles d'un mandat de production.

«Nous travaillons tous de façon que le public se réapproprie un usage plus terre à terre de la technologie dans tous les lieux de travail, de consommation et de divertissement. De sorte que nos rapports à l'informatique ne soient plus considérés comme une médiation impersonnelle, mais davantage comme le prolongement d'une relation émotionnelle avec les autres», souligne Grégory. Au fond, dit-il, ce qui compte, c'est la clarté du message et le confort du messager. Et non pas seulement le tape-à-l'oeil de la quincaillerie.

▶ «Je suggère aux jeunes de se doter avant tout d'une formation passionnante pour eux mais ouverte sur une dimension informatique», indique Louise Guay.

Le multimédia s'annonce tout aussi bouleversant que la découverte de l'imprimerie. Nul doute qu'il transformera peu à peu les habitudes de vie dans les lieux d'apprentissage, de travail, de consommation et de loisir.

Les carrières à l'étranger sont fréquentes, car l'entreprise privée exporte ses produits et son expertise à l'échelle internationale. La maîtrise de l'anglais constitue un atout, mais les qualités personnelles prédominent, selon le patron de Micro-Intel.

«Nous privilégions des employés créatifs, curieux, dynamiques, polyvalents, autonomes, capables de travailler en équipe, note avec insistance Serge Carrier. Nous voulons des gens qui ne comptent pas leurs heures et qui s'insèrent bien dans notre culture d'entreprise.»

La complicité des échanges entre l'Homme et la machine est censée améliorer la qualité et la rapidité des rapports humains partout sur la terre. Le multimédia s'annonce tout aussi bouleversant que la découverte de l'imprimerie. Nul doute qu'il transformera peu à peu les habitudes de vie dans les lieux d'apprentissage, de travail, de consommation et de loisir.   ▶

Une vague de fond

Le multimédia n'est-il qu'un magnifique fleuve tranquille sillonnant les terres promises des technologies de l'information ou prépare-t-il une vague de fond sans précédent? L'industrie elle-même est trop jeune pour se prononcer. Mais, même en accusant un certain retard sur le plan commercial au Québec, elle connaît une croissance assez forte depuis quelques années. Parmi ses fleurons, citons le *Dictionnaire visuel multimédia*, un cédérom des éditions Québec/Amérique, dont 50 000 exemplaires se sont envolés en six mois!

Le ministère de l'Industrie, du Commerce, de la Science et de la Technologie évalue qu'environ 600 entreprises desservant ce secteur d'activité (services Internet inclus) emploient plus de 4 300 personnes [1]. Il s'agit encore d'un apport économique secondaire si l'on considère que l'ensemble du secteur des technologies de l'information au Québec fournit du travail à quelque 81 000 individus.

La firme de courtage américaine Morgan Stanley prévoit que le marché devrait prendre son envol au cours de la prochaine décennie [2]. Pour le moment, ce sont surtout les gens d'affaires qui consomment massivement les applications multimédias. En 1995, ce marché a généré des ventes d'environ 9,8 milliards de dollars américains dans le monde. Pour l'an 2000, les projections établissent les dépenses à ce chapitre à 22,2 milliards de dollars par année, dont 6,1 milliards en Amérique seulement [3]. Tout un bond!

Au Québec, améliorer la distribution des produits constitue l'un des principaux défis de cette jeune industrie, qui doit affronter une concurrence féroce sur la scène internationale. Les entrepreneurs signalent qu'environ 95 % des produits multimédias vendus ici sont encore des importations. Mais les Québécois investissent de plus en plus les marchés étrangers. Les exportations représentent plus de 17 % des revenus du multimédia et des services Internet. Les indices d'un décollage réel de l'industrie pointeraient-ils à l'horizon? ∎

---

1. *Industrie québécoise des technologies d'information, Analyse préliminaire*, MICST, août 1997.
2. et 3. Revue *Commerce*, mai 1997.

Formations reliées à ce secteur

Formation universitaire

Université de Montréal
Le département de communication offre des cours en multimédia.

Possibilité de spécialisation.

Université du Québec à Montréal
On offre une maîtrise en communication, avec spécialisation en création multimédia interactive. Le Centre d'expérimentation et de développement des technologies multimédias (ECHO) fait de la recherche (2D/3D, vidéo numérique, réalité virtuelle).

Autres

• Institut CAO/FAO, Vanier College (Animation 3D)

• Centre national d'animation et de design/NAD
• Institut national de l'image et du son/INIS (cinéma)
• Institut de création artistique et de recherche en infographie (ICARI)
• Plusieurs cégeps offrent depuis peu des formations reliées au multimédia. Beaucoup de ces programmes sont offerts à une clientèle adulte à titre de formation continue. Certains cégeps proposent également des programmes en infographie (clientèle générale).

Il existe un site Internet où l'on trouve une mine de renseignements sur les formations : www.imaginor.qc.ca/mutimédiums/

Voir aussi en page 108 et consultez notre répertoire en page 142.

Nos clients travaillent avec U2, les Rolling Stones,

Batman & Robin et Forrest Gump.

Que diriez-vous de travailler avec

Nous?

Discreet Logic développe des systèmes ouverts et des logiciels servant à la création, à la manipulation d'images numériques et au montage. Nous offrons à nos clients une large gamme de systèmes et de logiciels d'effets visuels, de montage et de production conçus pour répondre aux besoins des créateurs du monde de la post-production.

Au cours des années 90, les produits développés par Discreet Logic se sont avérés indispensables à la réalisation d'une multitude de longs métrages, tels Forrest Gump et Independence Day, gagnants d'un Oscar pour les meilleurs effets spéciaux. Nos systèmes ont aussi été utilisés pour les films suivants: Titanic, The Fifth Element, Batman & Robin, Contact et Air Force One, récemment à l'affiche. Nos systèmes ont également contribué à la réalisation d'émissions de télévision régulières, comme World News Tonight avec Peter Jennings, au réseau ABC, et d'émissions spéciales, comme la diffusion des Jeux Olympiques de 1996. De plus, les outils de Discreet Logic ont été utilisés lors de la création de videoclips, notamment ceux de U2, REM, les Rolling Stones, Seal et les Beatles, et pour la réalisation de messages publicitaires pour Nike, AT&T, McDonald's et Pepsi.

Afin de soutenir sa croissance continue, Discreet Logic est à la recherche de nouveaux diplômés en informatique et en génie informatique, créatifs et polyvalents, pour combler divers postes de développeurs de logiciels au sein de son groupe de développement de produits. En plus de posséder un minimum d'expérience pratique en la matière, le candidat idéal est très intéressé par les domaines suivants :

PROGRAMMATION EN C ET C++ | INTERFACES UTILISATEUR GRAPHIQUES |ENVIRONNEMENT UNIX | LIBRAIRIES GL ET OPEN GL | TRAITEMENT D'IMAGES | PARTAGE DE DONNÉES DISTRIBUÉES | COMPOSITION D'IMAGE 2D/3D | PROGRAMMATION DE SYSTÈMES EN TEMPS-RÉEL | STRUCTURES DE DONNÉES ET CONCEPTION ORIENTÉE OBJETS | AUDIO

DISCREET LOGIC

Ressources humaines
10, rue Duke
Montréal (Québec)
H3C 2L7 Canada
Fax : 514.393.0110
Courrier élec. :
cv@discreet.com

Discreet Logic offre à ses employés un environnement de travail des plus stimulant axé vers les technologies de pointe, des horaires flexibles, un programme de rémunération concurrentiel comprenant une structure de bonification et du cappuccino à volonté. Vous êtes diplômé, récoltez votre récompense en venant travailler avec nous. Visitez notre site Web pour en connaître davantage sur les emplois offerts. *www.discreet.com*

Rester en piste!

➤ par Claudine St-Germain

Avec l'informatisation croissante des produits domestiques et les besoins grandissants des industries en équipements, la fabrication de composantes électroniques et informatiques est de plus en plus appelée à se diversifier et à pénétrer tous les secteurs de l'économie.

Dresser un portrait de l'industrie de la fabrication de composantes électroniques et informatiques n'est pas chose facile, d'abord à cause de la variété quasi infinie des produits fabriqués aujourd'hui. Circuits imprimés, vidéoserveurs, démarreurs à distance, stimulateurs cardiaques...

> «Il faut être très rapide, sinon on produit à perte. Par exemple, un microprocesseur de 500 $ ne vaut que 25 $ dix-huit mois plus tard!»
>
> – Jean-Guy Fournier, IBM

De plus, cette évolution technologique se fait à un train d'enfer. «Avant, les nouvelles technologies duraient entre trois et cinq ans. Aujourd'hui, elles sont dépassées au bout de douze mois», explique Jean-Guy Fournier, directeur des communications à l'usine de IBM Canada, à Bromont, qui fait de la mise

sous boîtier de composantes électroniques. Comme les autres fabricants, IBM Canada doit s'adapter à toute vitesse aux changements sous peine de se faire rapidement damer le pion.

La production de composantes informatiques s'est vite complexifiée au cours des dernières années. «Avec la concurrence et la mondialisation, le marché a explosé; il y a une plus grande variété de clients et d'ordinateurs, surtout avec l'arrivée des PC, poursuit M. Fournier. Avant, on produisait aussi en très grosses quantités, parce que les produits étaient moins diversifiés. Ce n'est plus le cas aujourd'hui. Il faut être très rapide, sinon on produit à perte. Par exemple, un microprocesseur de 500 $ ne vaut que 25 $ dix-huit mois plus tard!»

Pour suivre le rythme, il faut bien sûr regarder très loin devant. «On met beaucoup d'effort en recherche et développement, de façon à rester les leaders dans la technologie, explique M. Fournier. Il faut prévoir ce qu'on va vendre d'ici deux ou trois ans. Mais c'est risqué : ça coûte très cher, et les marchés sont difficiles à cerner.»

Le Québec à l'avant-garde

Le secteur des pièces et des composantes électroniques au Québec représente un milliard de dollars en revenus et près de 6 300 emplois[1]. Si ce n'est pas le plus important dans le domaine des technologies de l'information, il demeure tout de même un secteur très actif, surtout dans la région métropolitaine, où les investissements et les nouvelles entreprises affluent.

«Tous les mois, des entreprises viennent s'installer à Montréal, parce qu'au Canada, la haute technologie, ça se passe ici, affirme Mohamad Sawan, professeur agrégé au département de génie électrique et de génie informatique à l'École polytechnique de Montréal. Il y a dans cette ville une activité impressionnante dans le domaine de la microélectronique. La seule chose qui nous manque, c'est une usine de fabrication de puces. Sinon, on a tout ce qu'il faut.»

Quel est le secret de Montréal? Outre sa position géographique stratégique et sa culture alliant l'Europe et l'Amérique du Nord, elle renferme également un fort degré d'expertise en recherche et développement. «Avec quatre grandes universités, Montréal compte une importante concentration de chercheurs réputés sur le plan international, explique Mohamad Sawan. Il y a beaucoup de collaboration entre le milieu universitaire et l'industrie. On travaille ensemble pour s'assurer une bonne place sur le marché mondial.»

Le Québec compte des filiales de multinationales comme Nortel, Ericsson et IBM, mais aussi de plus petites entreprises qui ont choisi un créneau bien précis pour se lancer à l'assaut du marché mondial. Alex Informatique est un exemple de ceux qui, avec une bonne idée de départ, ont su se tailler une place enviable sur le plan international.

> **«Notre marché est en pleine croissance. On pense même doubler notre chiffre d'affaires de l'an passé pour atteindre trente millions en 1998.»**
>
> –Abel Ferreira, Alex Informatique

L'entreprise a connu un essor fulgurant au cours des années 1990 en créant un superordinateur de type «parallèle», qui permet de traiter des données de façon beaucoup plus rapide que les ordinateurs classiques. Depuis, l'entreprise s'est notamment lancée dans le marché de l'archivage (elle a récemment eu un projet pour la Bibliothèque nationale de France) et des vidéoserveurs, qui permettent de stocker des images vidéo. «Notre marché est en pleine croissance, confirme Abel Ferreira, vice-président recherche et développement de l'entreprise. On pense même doubler notre chiffre d'affaires de l'an passé pour atteindre trente millions en 1998.»

Entreprises dynamiques, recherches de niveau mondial, universités réputées : pas étonnant que les diplômés de ce secteur soient courtisés par des entreprises de partout dans le monde, qui leur offrent des conditions plus qu'alléchantes. Chaque année, certains se laissent ainsi tenter par l'aventure du travail à l'étranger, notamment en Californie, où les salaires sont particulièrement élevés. «Mais chose certaine, tous nos diplômés trouvent un emploi, au plus tard six mois après avoir terminé leurs études», dit Mohamad Sawan.

Le passionné d'Eicon

«Ça va tellement vite, il me semble qu'hier encore, j'étais à l'université!» Il y a pourtant trois ans que **Sylvain Gilbert** a terminé son bac en génie électrique pour se retrouver immédiatement concepteur de logiciels chez Eicon Technology. Mais il semble bien qu'en informatique, tout file à la vitesse de l'éclair.

Eicon Technology fabrique des solutions d'accès à distance pour les ordinateurs personnels : des produits matériels et des logiciels qui relient les serveurs sur PC et les ordinateurs de bureau et portatifs à Internet, aux réseaux d'entreprises et aux ordinateurs hôtes. «Par exemple, quelqu'un voyageant avec un ordinateur portatif peut se brancher sur le réseau de son bureau où qu'il soit, explique Sylvain Gilbert. Ou encore, une corporation possédant des bureaux partout dans le monde peut les relier ensemble en un grand réseau étendu.»

L'entreprise possède trois grandes gammes de produits. Chacune d'elles a ses équipes qui travaillent par projets. «Un projet correspond au début d'un nouveau produit ou d'une nouvelle version d'un produit, jusqu'à la phase finale où les tests ont été complétés et où le produit est mis en marché. Ça représente environ six à huit mois pendant lesquels on travaille comme des acharnés.»

Lorsqu'un projet est mis en branle, l'équipe se réunit pour en définir les grandes lignes. Sylvain effectue ensuite une analyse pour déterminer de quelle façon il concevra sa part du produit. Après que son idée a été approuvée, il se met en frais de la réaliser et de l'intégrer dans le produit. Il doit s'assurer que l'intégration se fait bien, que ce qu'il ajoute ne vient pas déstabiliser tout le reste. Puis l'équipe de testeurs commence à travailler, trouve parfois des problèmes que Sylvain résout au fur et à mesure. Lorsque l'opération touche à sa fin, il a déjà commencé à travailler sur un autre projet.

Plus Sylvain acquiert de l'expérience, plus on lui confie de responsabilités. «En avançant, on développe beaucoup plus de "fonctionnalités" (qui confèrent des capacités supplémentaires au logiciel). Il faut s'organiser pour faire entrer tout ça dans son horaire et respecter les échéanciers.»

La capacité de gérer son temps est donc une qualité importante dans son travail, de même que l'autonomie. «Quand tu sors de l'université, on ne te demande pas de tout connaître techniquement, parce qu'il y a toujours des sources d'information pour apprendre. Mais si un problème surgit, il ne faut pas immédiatement aller frapper à la porte du patron, mais plutôt faire des recherches, consulter ses collègues, essayer de se débrouiller.»

Avant d'amorcer un bac en génie électrique, Sylvain a fait un DEC de trois ans en électronique. «Je n'étais pas certain d'aimer l'électronique et je ne voulais pas attendre d'être à l'université pour le savoir.» Cette formation supplémentaire lui a permis d'obtenir un emploi d'été au Mouvement Desjardins, d'être plongé dès l'âge de 20 ans dans le milieu des grands systèmes informatiques et, ainsi, de connaître déjà tous les équipements en entrant à l'Université de Sherbrooke.

Sylvain s'intéressait au domaine des communications, à la transmission de données sur le plan de l'électronique. C'est lors de son bac qu'il s'est également découvert un intérêt pour le logiciel. Pas étonnant qu'à la fin de ses études, il ait choisi de travailler chez Eicon, qui lui offrait un poste alliant ces deux domaines.

«Il n'y a pas une journée où je suis malheureux d'être ici. Ce que j'aime le plus, c'est que ce n'est pas un travail routinier. On a une planification de quelques semaines, au plus quelques mois. On a une cible à atteindre, et il faut faire en sorte d'arriver à temps.»

Quand il était plus jeune, Sylvain imaginait que les informaticiens étaient des esclaves de leur machine, devant leur écran toute la journée. Il a depuis constaté que ce stéréotype est très loin de la réalité. «J'utilise mon ordinateur pour faire mon travail, mais ce sont d'abord les interactions avec les gens qui font le succès ou l'échec de ma *job*. C'est un milieu dans lequel on développe des aptitudes non seulement techniques mais aussi personnelles, comme le travail en équipe.»

En bon passionné, Sylvain avoue qu'il peut être démoralisant de constater qu'un produit dans lequel on s'est beaucoup investi n'a pas le succès commercial escompté. Par contre, un succès suffit pour garder son enthousiasme intact. «Quand tu travailles fort sur un produit et qu'il est bien perçu, qu'on te reconnaît dans le milieu, c'est très gratifiant!»

COMPOSANTES INFORMATIQUES

▶ **Vouloir apprendre... rapidement**

Comme dans les autres domaines informatiques, pour travailler dans la fabrication de composantes électroniques, il faut aimer le changement. «Nos employés doivent être flexibles et prêts à s'adapter à un environnement changeant, affirme Jean-Guy Fournier. Ça peut être très stressant, mais il ne faut pas avoir peur de ça.»

La formation continue est également inhérente à ce milieu de travail. La nouvelle technologie qu'on vient tout juste d'apprivoiser sera dépassée dans un an et remplacée par une autre. «Ça prend des gens qui ont le goût d'apprendre, parce qu'ils vont constamment être en formation, poursuit M. Fournier. Ils doivent être aptes à assimiler des choses très rapidement.»

Cette volonté de se dépasser et de toujours en savoir plus est une qualité que recherchent également les dirigeants d'Alex Informatique. «Quand on embauche des gens, on cherche les meilleurs dans leur domaine, explique Abel Ferreira. Ceux qui, à l'université, en ont fait plus que ce qui leur était demandé, soit en activités parascolaires ou encore dans leur travail d'été.»

Ceux qui sont prêts à s'investir pour suivre le rythme rapide de l'industrie se verront plongés dans un univers passionnant, où tout est encore à découvrir. Participer à l'évolution technologique du Québec et du reste de la planète... Pas mal comme plan de carrière! ▶

1. Info-Québec, vol. 21, numéro 2, 1996.

Un scénario de science-fiction

«La fin du développement technologique, on ne l'aperçoit pas. On ne voit même pas d'obstacle à cette évolution», affirme Mohamad Sawan, professeur agrégé au département de génie électrique et de génie informatique à l'École polytechnique de Montréal.

Que ce soit en télécommunications, en génie biomédical ou en multimédia, chaque découverte technologique nécessite de nouvelles composantes électroniques toujours plus complexes, et ce, de façon de plus en plus rapide. Les fabricants ne sont donc pas près de connaître un ralentissement des affaires.

«Par exemple, il y a du travail à faire en miniaturisation, parce que tout est toujours trop gros, explique Mohamad Sawan. En ce moment, on parle de mettre un système entier sur une seule puce.» Le professeur poursuit en évoquant les développements à venir dans le domaine biomédical, qui semblent relever de la science-fiction. Le stimulateur cardiaque? Tout à fait banal quand on sait qu'à Polytechnique les chercheurs s'affairent à rendre la mobilité aux paralysés, à récupérer les fonctions urinaires des paraplégiques, à créer des implants visuels pour rendre la vue aux aveugles...

Le Québec semble donc être sur la bonne voie pour suivre la course à l'évolution technologique. «En ce qui concerne la recherche et le développement, on est bien visible sur le plan international, affirme Mohamad Sawan. Et on est très visionnaire; on ne s'amuse pas avec des petits produits de consommation, on travaille sur de la technologie très avancée.»

«Les changements ne vont pas ralentir; ça va plutôt se poursuivre à une vitesse exponentielle, croit Jean-Guy Fournier, directeur des communications à l'usine de IBM Canada, à Bromont. Mais il ne faut pas que ce soit perçu de façon négative! Au contraire, il faut voir ce phénomène comme un défi à relever.» ∎

Formations reliées à ce secteur

Ceux qui préfèrent créer les systèmes plutôt que de les programmer devraient se diriger vers une formation en génie, qui développera leur capacité à résoudre des problèmes, à bâtir des systèmes et qui leur donnera une expérience pratique non négligeable. Le génie électrique s'intéresse au fonctionnement des «machines» (*hardware*), alors que le génie informatique touche davantage aux applications et aux logiciels (*software*).

Toutefois, le marché ne manque pas seulement d'ingénieurs, mais aussi d'informaticiens, de diplômés des cycles supérieurs, de techniciens... L'important est de connaître la base du métier et d'être prêt à s'investir. (Voir notre dossier sur les programmes en page 108.)

Une réalisation de Sandra Vacero, Patrick Mochle, Garry Jean-Baptiste, en collaboration avec Softimage.

LA CARRIÈRE INFORMATIQUE
Par quatre chemins

> par André Giroux

S i on ne se dirige pas vers l'informatique, l'informatique viendra peut-être à soi! Il y a autant de manières, parfois inattendues, de satisfaire ses objectifs professionnels et ses intérêts personnels dans le domaine des technologies de l'information, où les talents les plus variés sont constamment recherchés.

Photo : PPM

Ariane Trottier et **Sandra Vacero** dessinent : ce n'est ni la science ni la gestion qui les inspirent, mais la création. «Au cégep, j'ai suivi une formation en art, explique Ariane. C'est un domaine qui progresse, mais je cherchais un secteur qui bouge davantage. J'ai trouvé ma réponse dans les nouvelles technologies.»

«J'adore le dessin, avoue Sandra Vacero. Je me suis d'abord lancée dans le graphisme. Lorsque j'ai terminé mon cours, je me suis rendu compte que ce n'était pas tout à fait ce que je voulais, alors j'ai cherché une école de création en trois dimensions.»

Ces deux artistes se sont retrouvées en formation à l'Institut de création artistique et de recherche en infographie (ICARI) pour faire l'apprentissage des principaux logiciels de conception de projets. Depuis l'été dernier, elles travaillent toutes deux chez Ubi Soft, où elles modélisent des jeux vidéo. La modélisation artistique consiste à construire et à animer un objet, à lui donner de la couleur, de l'éclairage et de la vie.

> **«Le travail d'équipe est important. Dans un jeu vidéo, par exemple, une personne se chargera de construire le nez et une autre personne bâtira la main.»**
>
> – Ariane Trottier

«La meilleure comparaison est probablement celle de la pâte à modeler, explique Sandra Vacero. Au départ, sur l'écran on voit une sphère sur laquelle se retrouvent des lignes et des points. En tirant sur les points avec la souris, on modifie la taille ou la forme de la sphère. Plus il y a de lignes et de points, plus on peut raffiner l'objet.»

Ce qui peut sembler un jeu n'est pas si simple! «On peut travailler deux ou trois semaines pour réaliser une animation de cinq secondes, précise Sandra Vacero. Je ne m'attendais pas à ce que cela soit si complexe. Comme en art, il y a des choses que l'on ne peut réaliser que si nous sommes très doués. Il y a beaucoup d'étapes à franchir avant de rendre un objet vraiment réaliste.»

Pour y arriver, «le travail d'équipe est important, constate Ariane Trottier. Dans un jeu vidéo, par exemple, une personne se chargera de construire le nez et une autre personne bâtira la main.»

«Nous devons être curieux de savoir comment les choses fonctionnent pour que les objets que nous concevons puissent émouvoir l'utilisateur.»

– Sandra Vacero

Si la réussite technique est un des objectifs de travail, les qualités artistiques doivent être au rendez-vous. «Nous devons être curieux de savoir comment les choses fonctionnent pour que les objets que nous concevons puissent émouvoir l'utilisateur, ajoute Sandra. Il m'est déjà arrivé de m'asseoir dans un parc pour observer les gens bouger. Au début, j'étais un peu gênée de les dessiner, mais cela m'a ▶

permis d'observer qu'une personne un peu plus grosse ne bouge pas de la même façon qu'une personne mince.»

À travers leurs recherches, ces deux artistes en ont ainsi appris davantage sur les bonzaïs, l'architecture et l'automobile! Voilà qui est en soi stimulant, mais pour pratiquer ce métier, «il faut de la patience, des Tylenol contre les maux de tête et une capacité d'autocritique, note Ariane Trottier. Des fois, on regarde notre travail depuis si longtemps que l'on n'en perçoit plus les défauts.»

Où se voient-elles dans cinq ans? Sandra aimerait diriger sa propre production. Quant à Ariane, elle retournera peut-être aux études, dans le domaine des arts, pour ensuite concevoir ses projets. «De plus en plus de publicité et de films contiennent de l'infographie en trois dimensions», souligne-t-elle. Avis aux esprits créateurs!

Photo : PPM

Changements de cap

L'aventure de **Robert Paquette** dans le domaine de l'informatique commence en 1978, deux ans après la création du micro-ordinateur par un certain Steeve Jobs. «Cela a commencé par un échange : ma moto contre un ordinateur, se souvient Robert Paquette. Je voulais me sauver la vie. J'avais encore la clairvoyance de me savoir trop maniaque en moto.»

Après un congé de six mois passé à voyager à l'extérieur du Québec, l'informaticien en herbe étudie à temps partiel pendant deux ans et devient formateur chez Radio Shack. Il fonde ensuite une entreprise qui se spécialise dans la vente de matériel et d'équipement informatiques, qu'il vend en 1989.

Nouvelle période de réflexion qui le ramène aux études, à l'université cette fois-ci. «J'avais accumulé une dizaine d'années d'expérience, mais je n'avais aucun diplôme. On dira ce qu'on voudra, mais les diplômes sont essentiels à l'obtention d'un bon emploi.» C'est en informatique, à l'UQAM, que s'inscrit Robert Paquette. Bien qu'il ait deux enfants et une épouse, elle aussi aux études, il étudie à temps plein. Il a alors 40 ans. «Je ne voulais pas me casser la tête avec de grandes théories et je hais le "par coeur", avoue-t-il. Je souhaitais des études pratiques. C'est ce qu'offre l'UQAM, et les stages en entreprises font partie de la formation.»

Des trois concentrations offertes, Robert opte d'abord pour celle qui exige les plus fortes connaissances en mathématiques : le développement de logiciels. Il se ravise toutefois. «Mes notions de base étaient trop loin. Je ne m'y retrouvais plus dans les logarithmes et le calcul différentiel et intégral. Je me suis réorienté vers les systèmes d'information.»

> **«Je préfère les grandes entreprises pour l'avancement qu'elles permettent. Dans les PME, l'un des seuls échelons supérieurs, c'est celui du propriétaire. Or, il n'a pas nécessairement le goût de vendre!»**
>
> – Robert Paquette

Robert Paquette a porté une attention particulière au choix de ses stages. «Le salaire varie entre zéro et 500 $ par semaine, dit-il. Il y avait là un critère de choix. Un autre critère concernait la possibilité d'être embauché par la suite. DMR répondait aux deux : un salaire concurrentiel et une possibilité d'y faire carrière. De plus, je préfère les grandes entreprises pour l'avancement qu'elles permettent. Dans les PME, l'un des seuls échelons supérieurs, c'est celui du propriétaire. Or, il n'a pas nécessairement le goût de vendre!»

> **«L'informatique, c'est beaucoup plus que de la programmation. Le code, c'est une chose, la pensée qui y mène en est une autre. Avant de programmer, il faut s'être fixé des objectifs clairs.»**
>
> – Robert Paquette

Lors de son premier stage chez DMR, Robert Paquette est dirigé vers le travail technique. «Mon mandat consistait à préparer et à configurer les équipements informatiques, explique-t-il. Après quelques semaines, j'ai mentionné à mes patrons que je préférais faire autre chose. Mes tâches constituaient une répétition de ce que j'avais fait dans mon entreprise pendant dix ans. On m'a laissé au même département, mais j'ai travaillé au sein d'un comité à l'élaboration d'un système d'installation automatique des logiciels. Ce nouveau mandat exigeait à la fois une capacité d'analyse et de programmation. Cela m'a aussi permis de développer mes capacités de travail en équipe.»

Lors du deuxième stage, Robert travaille, toujours en équipe, à l'élaboration d'une plate-forme de communication entre les conseillers de DMR répartis sur quatre continents. «Cette plate-forme sert de courrier électronique pour les conseillers, explique-t-il. Elle est à la base de quatre logiciels : un annuaire téléphonique mondial, une banque de documents, une base de données pour les documents administratifs et un réseau de discussions entre les conseillers.»

Maintenant qu'il a terminé ses stages, Robert Paquette travaille sur un projet permettant de gérer la disponibilité des conseillers en fonction de leur expertise particulière. «Notre département n'apporte aucun profit à l'entreprise, mais il est essentiel à son fonctionne- ▶

▶ ment», précise-t-il.

Ayant relevé avec succès le défi du changement de cap professionnel, Robert Paquette gagne aujourd'hui bien sa vie. «Pour réussir en informatique, il faut acquérir une pensée analytique. L'informatique, c'est beaucoup plus que de la programmation. Le code, c'est une chose, la pensée qui y mène en est une autre. Avant de programmer, il faut s'être fixé des objectifs clairs.»

On crie haro sur la monotonie!

C'est la hantise de la monotonie qui a mené **Sophie Roy** à l'informatique. Elle avait d'abord obtenu une maîtrise en sciences cliniques. «Je n'aimais pas beaucoup le travail en laboratoire, explique-t-elle. Je n'appréciais pas répéter les mêmes expériences jour après jour, semaine après semaine. Au bac, je ne m'étais pas rendu compte de cet aspect du travail scientifique puisque les expériences étaient toujours différentes. Par contre, j'apprécie travailler avec les statistiques et je connaissais des informaticiens. Je me suis dirigée dans ce domaine, que je trouve concret et pratique.»

Elle travaille actuellement pour Giro, une entreprise de conception de logiciels. Particularité intéressante dans un secteur où le quart des diplômés sont des femmes, la moitié des employés de Giro sont de sexe féminin. De plus, les femmes occupent près de la moitié des postes de direction, alors qu'elles sont beaucoup moins présentes au département des systèmes. C'est là que se développent les outils de base qui permettront d'améliorer les logiciels que produit l'entreprise. Bref, c'est le royaume du langage machine.

Pourquoi tant de femmes chez Giro alors que les diplômées sont encore trop peu nombreuses dans les facultés d'informa-

Photo : PPM

tique? Pour Jean-Marc Rousseau, vice-président de Giro, la question ne se pose pas vraiment!

> **«J'aime visiter les clients, les former, voyager. Un an après mon embauche, il y a sept ans, j'ai fait un premier voyage à Bruxelles. Depuis, j'effectue deux ou trois voyages par année, de deux semaines chacun.»**
>
> – Sophie Roy

«Lorsque nous embauchons, nous choisissons les meilleurs candidats. Une partie des personnes qui siègent à un comité de sélection sont des femmes, ce qui facilite peut-être leur embauche. S'installe peut-être ensuite un effet d'entraînement. Plus de femmes postulent parce qu'elles savent qu'elles y retrouveront des consœurs.»

L'entreprise a conçu deux logiciels,

Logiroute et Astuce. Le premier soutient la planification de trajets, par exemple pour le déneigement des rues ou la livraison de courrier. Le second aide à la préparation d'horaires d'autobus.

Ce type d'entreprise doit compter sur l'exportation. L'équipe de Sophie Roy s'occupe de clients établis au Japon, en France et en Espagne.

«Ce travail m'intéresse beaucoup. J'aime visiter les clients, les former, voyager. Un an après mon embauche, il y a sept ans, j'ai fait un premier voyage à Bruxelles. Depuis, j'effectue deux ou trois voyages par année, de deux semaines chacun.»

«Par exemple, décrit-elle, nous produisons pour la France un logiciel qui permet de gérer un système de transport en commun. Nous savons de combien d'autobus dispose ce système et le nombre de rues à couvrir. Tout en tenant compte des dispositions de la convention collective, nous devons concevoir un logiciel qui permette de bâtir les horaires ▶

▸ et d'assigner les chauffeurs. Or, il est question que leur temps de travail passe de 38 à 35 heures. Il nous faut adapter le logiciel à cette nouvelle contrainte. Le défi est de le programmer pour que nous puissions ensuite modifier certains paramètres sans que cela n'exige chaque fois une nouvelle programmation.»

D'où l'exigence d'une bonne capacité d'analyse et d'une organisation efficace. «Si l'on doit modifier un programme pour lequel nous n'avons conservé aucune note ou commentaire sur la façon dont on l'a conçu, on aura des problèmes», observe Sophie.

Pour elle, l'avenir se conjugue au présent. «Je souhaiterais faire la même chose qu'en ce moment. Visiter des clients, analyser des problèmes, adapter les logiciels et retourner faire de la formation. Je fais moins de programmation et je réalise de plus en plus de projets. Je suis responsable d'équipes pour certains d'entre eux. L'informatique a beaucoup changé ces dernières années. Les choses inintéressantes sont de moins en moins nombreuses. Par ailleurs, j'apprécie l'atmosphère de travail. L'entraide est encouragée, on ne sent pas de compétition. Si une personne souhaite davantage de responsabilités, on lui en confie sans problème.»

Photo : PPM

Conseiller
les entreprises

Philippe Haché ne souhaitait pas «faire du code» à longueur de journée, mais l'informatique l'intéressait. «J'ai fait mon choix dès le secondaire. J'avais reçu

un ordinateur en cadeau. Je m'étais dit que les entreprises ne vivraient éventuellement que par l'informatique. C'est ce qui s'est produit.»

Il est aujourd'hui détenteur d'un bac en administration des affaires, concentration systèmes d'information et finances, obtenu de l'École des hautes études commerciales. Il travaille pour le cabinet comptable Raymond, Chabot, Martin, Paré et conseille les entreprises sur les meilleurs équipements informatiques disponibles.

«J'y suis d'abord entré pour quelques semaines, se rappelle-t-il. Le bureau avait besoin de quelqu'un pour programmer rapidement une banque de données. Je répondais à leur critère et je connaissais leurs besoins. J'ai obtenu ce contrat, puis d'autres encore. Quand ils se sont rendu compte que je leur coûtais trop cher comme pigiste, ils m'ont offert un poste salarié. Pour la stabilité et le potentiel à long terme, j'ai accepté leur proposition.»

> **«Les relations avec les clients constituent un aspect important de mon travail. Je passe la moitié de mon temps au bureau, l'autre chez des clients.»**
>
> – Philippe Haché

À la fin d'octobre dernier, Philippe Haché terminait un mandat de consultation pour Télé-Métropole. «L'entreprise avait de la difficulté à déterminer certains de ses coûts, raconte-t-il. Son système informatique lui permettait de connaître le montant versé en salaires, par exemple, mais il ne pouvait déterminer le coût ▶

d'une émission. Mon mandat consistait à préciser les besoins du client et à suggérer les outils informatiques aptes à y répondre. Télé-Métropole travaille avec plusieurs systèmes, souvent incompatibles.» Dans ce dernier cas, la piste de solution était simple : bâtir un système qui permette d'intégrer le plus grand nombre possible de données. Le défi était de déterminer les outils qui répondraient le mieux aux besoins.

«Les relations avec les clients constituent un aspect important de mon travail, constate Philippe Haché. Je passe la moitié de mon temps au bureau, l'autre chez des clients. Je suis souvent au téléphone. Un bon service au client exige que nous présentions des suggestions sur l'utilisation optimale de l'informatique. Sait-il par exemple que les vidéos des émissions peuvent être intégrées à une banque de données?»

Le choix ne manque pas. «Une bonne quarantaine de logiciels pouvaient répondre aux besoins, note Philippe Haché. Après avoir éliminé les moins performants et les plus coûteux, il en restait une dizaine à évaluer plus attentivement. Nous en avons finalement proposé trois.» Il faut connaître les logiciels, mais les entreprises aussi. «Feront-elles faillite le lendemain, rendant impossible le service après-vente?»

Ambitieux, Philippe Haché vise des postes de direction. «Je souhaite diriger le

département informatique d'une entreprise, fonction qui prend de plus en plus d'importance. Autrefois, il y avait le *chief executive officer*, le *chief financial officer* et le *chief operating officer*. Il y a maintenant le *chief information officer*, un poste qui devient presque aussi important que les trois autres.»

Peu importe les échelons à gravir, être à jour constitue le pain quotidien.

«Certaines entreprises se spécialisent dans l'édition de publications mensuelles qui rendent compte des nouveautés. Elles publient une dizaine de pages par mois, dont le coût d'abonnement annuel peut varier entre 2 000 $ et 4 000 $. Notre cabinet de comptables ne peut se permettre de tels investissements, mais je consacre une bonne journée par semaine à lire d'autres publications liées à l'informatique.» Question de bien paver la route du futur! ∎

La bosse des maths?

Une réalisation de S. Vacero, en collaboration avec Alias Wavefront.

Si les mathématiques demeurent souvent une base incontournable en informatique, leur importance varie selon le domaine de travail. «Plusieurs spécialités exigent de fortes connaissances en mathématiques, d'autres demandent davantage d'habiletés interpersonnelles, reconnaît **Louis Martin**, directeur du module informatique à l'Université du Québec à Montréal. Le marché du travail a besoin de concepteurs, mais aussi d'assembleurs. Dans ce dernier cas, il faut savoir comprendre les besoins du client.»

«Beaucoup de gens croient qu'il faut être fort en maths pour dessiner en trois dimensions. Ce n'est plus vrai, estime **Ariane Trottier**. Les aspects mathématiques sont déjà intégrés au logiciel.» En effet, dans plusieurs cas, ces progrès techniques contribuent de plus en plus à réduire les tâches directement liées à la programmation et aux mathématiques. Par ailleurs, dans le secteur de la gestion et de la consultation, une grosse partie du travail s'effectue à travers les relations établies avec les clients et les collègues, et réside dans la qualité de celles-ci.

«Ce sont davantage les détenteurs de maîtrise qui travaillent avec les algorithmes, affirme pour sa part **Sophie Roy**. Quant au langage informatique, ce n'est plus le langage binaire qui prime. Il est de plus en plus près du nôtre.»

Robert Paquette visait les maths, mais il a ensuite pris une voie différente, dont il est satisfait aujourd'hui. «Les mathématiques ne sont vraiment utilisées que dans des domaines spécialisés de l'informatique, à savoir le développement des algorithmes et l'intelligence artificielle.»

En fait, ce qui distingue l'informaticien n'est pas tant ses connaissances en mathématiques que l'esprit logique et la capacité d'analyse. De plus, l'utilisation des forces de chacun est facilitée par le travail d'équipe, qui prend de plus en plus d'importance même pour les travaux de moins grande envergure. «Pour certains, ce sera la rédaction, pour d'autres, les mathématiques», note Louis Martin. Toutefois, la formation continue sera essentielle : l'informatique ne pardonne pas à ceux qui s'assoient sur leurs lauriers!

POUR VOUS

Étudiants
Enseignants
Professionnels
Employeurs
Travailleurs
Sans emploi
Parents
Grand public

DÉCOUVREZ

Les choix de carrières
Les nouvelles orientations
Les institutions scolaires
La formation continue, professionnelle, technique
Les secteurs prometteurs d'emploi
Les études à l'étranger

RENCONTREZ

Écoles secondaires
Collèges
CÉGEPS
Universités
Écoles spécialisées
Maisons d'édition
Produits et articles scolaires
Produits informatiques
Programmes gouvernementaux
Aide financière

PARTICIPEZ

Aux activités: la Place Publique, le Forum des jeunes, le Point de repère, le Café Internet, les Visites de groupes, le pavillon Sciences et Technologies et l'Exposition Estudiantine

Des activités conçues pour vous.

RÉALISÉ PAR:

BENOIT & ROMERO

INFO: (514) 272-8885

SALON DE

L'ÉDUCATION ET DE LA FORMATION

15 - 16 - 17 - 18 OCTOBRE 1 9 9 8

PLACE BONAVENTURE

MONTRÉAL

UN ÉVÉNEMENT ANNUEL QUI SE CONSACRE À L'ÉDUCATION ET À LA FORMATION.

Soyez-y!

Chercheurs d'or

➤ par Judith Lachapelle

L e secteur des technologies de l'information regorge d'histoires fabuleuses : du jour au lendemain, d'obscurs inconnus ont trouvé l'Eldorado, accumulé fortune et gloire, touché le bon filon... Comme les chercheurs d'or, ils ont des rêves un peu fous, l'âme aventureuse, une détermination farouche; certains font mouche, un grand nombre y perdent leurs plumes. Nouveau Klondike à l'horizon?

Machina Sapiens

La croisade de la langue

«Bonjour et bienvenue chez Machina Sapiens. *Welcome to Machina Sapiens. Bienvenidos a Machina Sapiens...*» Un simple coup de téléphone à cette compagnie de Côte-des-Neiges en dit déjà long sur son envergure. Après avoir conquis le Québec et la francophonie avec son logiciel Correcteur 101, ainsi que les hispanophones avec le El Corrector, Machina Sapiens est prête à s'attaquer à la planète!

La compagnie a été fondée en 1985 par trois étudiants en informatique passionnés par l'intelligence artificielle. «On est parti d'un *trip* technologique avec le goût de faire des choses nouvelles dans un domaine prometteur, qui est toujours prometteur, d'ailleurs», raconte

l'un des fondateurs, Claude Coulombe, vice-président de l'entreprise.

> «La traduction par ordinateur est un défi énorme. Je dis souvent que c'est le Saint-Graal de l'intelligence artificielle!»
>
> – Claude Coulombe, Machina Sapiens

En travaillant sur un logiciel de traitement de la langue pour le ministère de l'Éducation, la compagnie a eu l'idée d'un logiciel qui non seulement corrige les fautes dans un texte, mais conseille aussi l'utilisateur. Le Correcteur 101 était né.

➤

▶ Cela se passait il y a cinq ans. «On est maintenant connu en France, en Belgique, en Suisse, et même au Japon et en Allemagne! En fait, partout où il y a des gens qui parlent français.»

Parallèlement aux logiciels de correction, Machina Sapiens travaille très fort sur un logiciel qui permettrait la traduction de textes français/anglais et anglais/espagnol. «La traduction par ordinateur est un défi énorme, dit Claude Coulombe. Je dis souvent que c'est le Saint-Graal de l'intelligence artificielle!» Les entreprises travaillent depuis plus de trente ans à perfectionner leur technologie, mais Claude Coulombe affirme que «jusqu'à maintenant, c'est relativement un échec». Machina Sapiens a bon espoir de voir la technologie du Correcteur 101 lui donner une longueur d'avance sur ses concurrents.

Une quarantaine d'employés de Machina Sapiens — dont deux sur cinq sont des néo-Québécois! — travaillent sur les différents projets de l'entreprise. S'ils ne sont pas tous des informaticiens diplômés, ils possèdent tous une base minimale dans le domaine. «Si tu t'orientes vers une carrière informatique, il faut que tu te dises : "Chaque jour je vais apprendre des choses nouvelles." Il faut être une éponge! Un jour, c'est C++, l'autre jour c'est Java, après c'est Internet... Si tu ne fais pas attention, tu deviens vite un dinosaure. Pour rester *up-to-date*, il faut constamment lire, s'intéresser, avoir une très grande curiosité.» Les employés de Machina Sapiens suivent d'ailleurs régulièrement une formation pour se perfectionner parce que l'entreprise a besoin d'acquérir toutes ces nouvelles connaissances.

«On regarde beaucoup ce que les candidats ont fait à l'extérieur des cours, poursuit Claude Coulombe. Si les gens ont eu des activités parascolaires ou des projets personnels, ils ont souvent appris par eux-mêmes l'aspect pratique, et ça compte. C'est plus important que d'avoir des notes parfaites, qui trahissent des candidats qui sont très bons dans la théorie, mais qui peuvent paniquer dans la vraie vie.»

Chose certaine, la compagnie aime la diversité chez ses employés et elle l'encourage. «C'est important de détruire le mythe du *nerd*, dit Claude Coulombe. Ils sont très minoritaires, mais c'est à eux qu'on pense quand on décrit un informaticien. Je dirais que la majorité des informaticiens sont passionnés par leur domaine, mais avec une ouverture sur autre chose. L'informatique pour l'informatique, c'est un peu vide. C'est au moment où on l'applique à d'autres domaines que ça devient plus intéressant.»

Photo : PPM

Génération Net

À l'assaut du cyberespace

Les deux fondateurs de Génération Net, Pierre Vanacker et Garner Bornstein, n'osent pas dire que le succès de leur petite boîte les a pris par surprise. «Nous avons toujours eu de grandes visions, avoue le président, Garner Bornstein. Mais, vraiment, le phénomène a pris des proportions incroyables!»

Il faut dire qu'en mars 1995, quand les deux futurs patrons de Génération Net ont laissé tomber le secteur de l'immobilier — «avant qu'il nous laisse tomber!» disent-ils en rigolant —, Internet en était à ses premiers balbutiements. «J'avais vu une exposition mondiale sur Internet lors d'un voyage aux États-Unis, se souvient Garner Bornstein. J'ai compris que ça s'en venait rapidement et qu'il y avait des possibilités au Québec.»

Aujourd'hui, après avoir débuté comme fournisseurs d'accès Internet, ils tentent de se tailler une place de choix comme concepteurs de sites Web. La compagnie n'a toutefois pas l'intention de laisser tomber ce qui lui a permis de grandir. «Justement, je regardais notre plan d'affaires d'origine, se souvient Garner Bornstein. Nous avons toujours voulu garder notre service d'accès à Internet parce que cela constituait une entrée d'argent régulière, en plus d'amener des clients qui se branchent chez nous à concevoir leur site. L'accès Internet ▶

3-SOFT
trouver
sans chercher
Services de placement

Techniciens en informatique ne cherchez plus!

3-SOFT vous offre de bénéficier de sa réputation et de sa visibilité qui constituent pour vous une vitrine privilégiée sur le monde informatique.

3-SOFT oeuvre dans le milieu informatique depuis plus de 10 ans. Son service de placement recrute et place des dizaines de techniciens par mois et sa clientèle figure parmi les 500 plus grandes entreprises québécoises.

Pour une efficacité accrue de votre placement, ne vous contentez pas de feuilleter les quotidiens. Confiez-nous sans frais la responsabilité de vous trouver le poste idéal.

CONTACTEZ-NOUS

en composant le (514)926-2026 poste 286.

Vous pouvez également compléter notre formulaire de demande d'emploi via le site web et voir les différents postes à combler

3-SOFT

Consultez notre site web http:// www.3-SOFT.com

> nous sert de rampe de lancement pour les pages Web.»

> **«Notre entreprise est comme une famille, il faut que les employés aiment ce qu'ils font. Ils sont collègues et amis. Et c'est important pour nous de partager avec nos employés.»**
>
> – Garner Bornstein, Génération Net

Et Génération Net n'y va pas avec le dos de la cuillère. «Nous nous spécialisons dans la création de sites pas mal compliqués», dont les budgets de départ sont assez élevés, explique Garner Bornstein. Leurs clients ont bien les moyens de se le payer : Cascades, Les Papiers Rolland, Microsoft, le Canadien National, la Société des alcools du Québec...

Et, ça marche? Plutôt bien : le populaire fureteur Yahoo a déjà nommé l'une de leurs créations comme site de la semaine et, parmi les cent meilleurs sites du Québec récompensés par le *Guide Internet*, plusieurs ont été conçus par Génération Net.

Génération Net emploie aujourd'hui trente-deux personnes, et pas seulement des informaticiens hyperbranchés. «Nous cherchons des personnes intelligentes, qui aiment beaucoup la technologie, qui ont une bonne capacité d'apprentissage, de la créativité, de l'enthousiasme, explique le président. Nous n'avons pas toujours besoin de gens d'expérience puisque c'est un domaine nouveau et certains logiciels avec lesquels nous travaillons existent depuis seulement six mois!»

La formation à l'école reste un sujet épineux, celle-ci ne répondant pas toujours aux besoins de l'entreprise. «C'est sûr qu'il y a un décalage entre l'industrie et l'université, explique Pierre Vanacker. L'université n'offre pas de cours qui nous intéressent, comme avec le langage Java. Mais c'est normal, on travaille dans la haute technologie! Voilà pourquoi nous cherchons des personnes qui peuvent apprendre rapidement. L'université offre une base à l'employé, une méthodologie de travail qui ne nuit pas.»

L'entreprise n'embauche pas seulement des spécialistes en programmation, mais aussi des chargés de projets, des gens en graphisme, en administration, en service à la clientèle... Les employés sont jeunes — entre 18 et 23 ans —, et la compagnie est aux petits soins pour eux. «Notre entreprise est comme une famille, il faut que les employés aiment ce qu'ils font, pense Garner Bornstein. Ils sont collègues et amis. Et c'est important pour nous de partager avec nos employés. Par exemple, nous avons fait pour eux un plan de REÉR dans lequel nous versons une part de nos bénéfices. On n'est pas IBM, mais on fait ce qu'on peut!»

3-Soft

Les rêveurs

«En février 1988, on avait 21 et 22 ans. On a lancé l'entreprise avec 40 $ en poche et quelques cartes de crédit. J'habitais encore chez ma mère!» Serge Beauchemin, président de la compagnie, s'amuse beaucoup en racontant les débuts de l'entreprise 3-Soft. Lui et André Martin n'avaient peut-être pas beaucoup de sous ni de diplômes — l'un a un DEC en sciences pures, l'autre des études collégiales ▶

▶ inachevées en électronique —, mais une chose est sûre, ils savaient ce qu'ils voulaient : devenir riches!

> **«On a gagné plusieurs prix, dont la PME d'or, décerné par la Banque Nationale. On est aussi finalistes pour les *Best Fifties*, les cinquante meilleures entreprises au Canada.»**
>
> *– Serge Beauchemin*

Y sont-ils parvenus? Le président reste discret, mais on comprend qu'il n'est plus aussi fauché qu'à 20 ans! Il annonce que 3-Soft est maintenant le plus gros vendeur de logiciels de l'est du pays et parmi les dix plus importants fournisseurs de services techniques au Québec. «Notre ambition est de devenir les premiers d'ici deux ans.»

Les deux compères ont tout de même passé pour des illuminés le jour où ils se sont pointés chez une fonctionnaire chargée des demandes de subvention.

«Nos prévisions l'ont fait sursauter», se souvient Serge Beauchemin. Il y a de quoi : ils avaient prévu faire 500 000 $ la première année et trois millions après cinq ans. Rien de moins! «Êtes-vous malades?» leur aurait lancé la fonctionnaire éberluée. «Nous avons dû réajuster nos prévisions uniquement pour lui faire plaisir!» Mais il est vrai que les prévisions du tandem étaient quand même loin de la réalité. En effet, à sa première année, 3-Soft a fait 650 000 $ et, cinq ans plus tard, elle franchissait le cap des sept millions de dollars!

> **L'entreprise remarque l'attitude du candidat, sa vision, son ambition, son intégrité, ses valeurs, son sens des responsabilités, si c'est une personne qui a de l'initiative et qui peut communiquer.**

«On s'est lancé dans le *software* parce que personne n'en faisait, explique Serge Beauchemin. On a décelé une belle occasion d'affaires puisque nos produits étaient différents. Lentement,

LES CARRIÈRES DE L'INFORMATIQUE

on s'est rendu compte qu'on touchait à un gros marché.»

Après deux ans, une fois les bases solides, la compagnie a commencé à développer de nouveaux services, comme la mise à jour de logiciels, la publication d'un magazine tiré à 11 000 copies par trimestre, les conférences Présente-action, le service de placement de techniciens spécialisés dans les entreprises... «On a gagné plusieurs prix, dont la PME d'or, décerné par la Banque Nationale. On est aussi finalistes pour les *Best Fifties*, les cinquante meilleures entreprises au Canada. On pourrait en gagner plus, mais on n'a pas le temps d'y participer.»

L'employé chez 3-Soft est d'abord embauché pour ses qualités de coeur. Les résultats scolaires? Très peu pour Serge Beauchemin. «De nombreux facteurs peuvent expliquer des mauvaises notes, dit-il. Mais une personne qui est en face de toi ne peut pas mentir. Moi-même, je suis un *dropout,* et ça ne veut rien dire!»

L'entreprise remarque l'attitude du candidat, sa vision, son ambition, son intégrité, ses valeurs, son sens des responsabilités, si c'est une personne qui a de l'initiative et qui peut communiquer. «Ce sont des choses importantes qui concordent avec nos valeurs d'entreprise», explique le président. La compagnie ▶

L'âme des aventuriers

«Je crois qu'une entreprise a beaucoup de chance d'avoir de bons entrepreneurs pour la diriger, qui vont travailler fort et voir les occasions d'affaires... Sur cent entreprises qui démarrent, dix ou vingt vont survivre.» **Claude Coulombe**, vice-président de la compagnie Machina Sapiens, semble sévère, mais il sait de quoi il parle. Son entreprise, il la voit grandir depuis plus de dix ans et il connaît la recette «magique» : du travail, du travail et encore du travail.

«Il y a quelques éléments essentiels pour démarrer son entreprise, pense le président de 3-Soft, **Serge Beauchemin**. Comme la capacité de rêver à demain pour donner un sens à sa vie d'aujourd'hui. Et c'est important d'identifier ses rêves. Il faut être capable de planifier et d'organiser ses actions et, ensuite, de passer à l'action.»

Tout le monde peut démarrer sa propre entreprise, mais seuls certains oiseaux rares, aux qualités exceptionnelles, réussiront à tirer leur épingle du jeu. «Certaines compagnies ont beaucoup de compétences techniques mais ne savent pas se faire connaître», explique le président de Génération Net, **Garner Bornstein**. Chez eux, le partenariat s'est fait entre Pierre Vanacker, expert en administration et en marketing — qui a su comment faire connaître le nom de l'entreprise —, et Garner Bornstein, qui connaissait l'informatique depuis plus de quinze ans.

«Ça prend des passionnés, c'est sûr, dit Serge Beauchemin. Particulièrement dans notre industrie. Moi, je dis que rien d'extraordinaire n'arrive à celui qui ne fait rien d'extraordinaire. Il faut en faire plus que les autres. Pas seulement mieux, mais plus.»

«La qualité principale de l'entrepreneur est d'être capable de voir les créneaux. Dans notre cas, peut-être que si on s'était obstiné à faire du minilogiciel, on ne serait plus là aujourd'hui», pense Claude Coulombe. Et il ne faut pas avoir peur de foncer. Certains refont le monde autour d'une bière; les gens d'entreprise, eux, passent à l'action, ajoute-t-il.

«Je ne crois pas au succès facile. À quelqu'un qui n'est pas prêt à travailler énormément, à investir toute sa vie là-dedans, je ne conseille pas de lancer une entreprise, avertit Claude Coulombe. Au début du siècle, on aurait dit : "Go west young man, c'est la ruée vers l'or!" Aujourd'hui, je pourrais dire : "Va dans le domaine de la technologie, c'est là que ça se passe, c'est là qu'est l'aventure.»

Et pas besoin d'avoir des millions en banque pour se lancer. Au contraire, semble-t-il. «Il y a quelque chose d'artificiel à commencer avec beaucoup d'argent, pense Claude Coulombe. En partant avec peu d'argent, tu apprends à créer des produits et à gagner ton expérience de vente. C'est plus dur, c'est plus long, mais l'entreprise est implantée sur des bases plus solides.»

Chacune des entreprises rencontrées a eu sa part d'embûches. Manque de capitaux, réorientation de l'entreprise, abandon de projets trop ambitieux... 3-Soft a dû rayer un secteur complet de l'entreprise dans une période où ses administrateurs avaient accepté trop de travail pour ses capacités. «J'ai appris qu'on a beau être opportuniste, il faut savoir choisir», dit Serge Beauchemin.

Mais un premier contrat reste un moment exaltant pour une entreprise. Il suffit de l'évoquer pour que les yeux des entrepreneurs, qui brassent aujourd'hui des affaires d'importance cent fois supérieure, s'illuminent à ce souvenir. Chez Génération Net, la première vente a été joyeusement arrosée. «Notre premier contrat était de 5 000 $. C'était très gros pour nous, et on a sorti le champagne!» s'exclame Garner Bornstein. «Et aujourd'hui, ajoute son complice Pierre Vanacker, on signe des contrats de plusieurs milliers de dollars... et on a des caisses de champagne!»

compte quelque 75 employés en ce moment, mais vise les 250 à l'an 2000.

Comme chez plusieurs autres entreprises du genre, 3-Soft est plutôt critique quant à la formation dispensée aux étudiants dans les programmes d'informatique. «On ne cherche pas que des candidats ayant une grande maîtrise de la base, mais des personnes qui ont aussi des connaissances technologiques actuelles, avec Windows NT ou Windows 95, par exemple. Beaucoup d'étudiants ne sont pas prêts en sortant de l'école.»

La compagnie s'organise pour former une partie de ses employés à sa façon.

«Nous avons des débutants qui viennent ici, qui sont payés pour étudier et pour lesquels on fixe des objectifs tous les mois», dit-il.

Déjà en très bonne posture pour continuer sur sa lancée, 3-Soft travaille encore à diversifier ses produits pour mieux répondre aux besoins de sa clientèle. «On a commencé par faire du pain, dit Serge Beauchemin. Puis les gens ont voulu du pain de blé, du pain au sésame... Maintenant, ils veulent acheter l'épicerie au complet!» ∎

D'autres renseignements utiles en page 88.

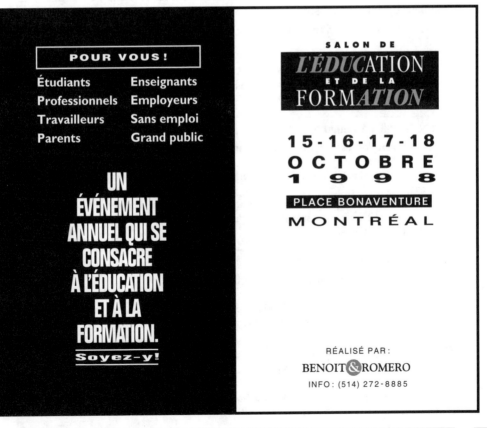

Démarrer du
bon pied

➤ par Judith Lachapelle

Plusieurs programmes gouvernementaux existent pour aider les jeunes entrepreneurs à démarrer leur entreprise. En voici quelques-uns. Pour obtenir plus de renseignements, communiquez avec les Carrefours Jeunesse Emploi de votre région.

Programme jeunes volontaires

Société québécoise de développement de la main-d'oeuvre (SQDM)
- Âge : de 16 à 29 ans
- Préparation d'un projet d'entreprise (plan d'affaires, études de marché...)
- Subvention maximale : 14 840 $ pour un projet de huit mois impliquant sept participants

Programme jeunes promoteurs

Ministère de l'Industrie, du Commerce, de la Science et de la Technologie du Québec (MICST)
- Âge : de 18 à 35 ans
- Subvention maximale : 12 000 $ + 2 000 $ de frais de formation remboursables
- Critères : créer trois emplois; être au moins deux associés; travailler à temps plein; mise de fonds équivalente à la subvention.

Aide au travail indépendant

Développement des ressources humaines Canada (assurance-emploi)
- Âge : de 18 à 35 ans
- Subvention maximale : prestations prolongées à 52 semaines et majorées à 250 $ par semaine
- Critères : créer son propre emploi; travailler à temps plein; déposer son plan d'affaires au plus tard 12 semaines après le début du projet; l'entreprise doit être lancée, sinon la contribution est annulée.

Jeunes entrepreneurs / Micro-entreprises

Banque fédérale de développement du Canada
- Âge : de 18 à 35 ans
- Prêt à terme : maximum de 25 000 $ pour 50 % du coût du projet; taux d'intérêt privilégié; pas de garanties; formation obligatoire à suivre.

Programme emploi jeunesse / P.A.R.I.

Conseil national de recherche du Canada
- Contribution maximale : 9 800 $
- Pour embaucher un récent diplômé en administration, marketing, informatique, sciences, etc.

À surveiller

Le gouvernement a mis sur pied des Centres de développement des technologies de l'information (CDTI). Ces centres sont actuellement en préparation ou en construction dans plusieurs régions du Québec. ■

Sur Internet

QUELQUES ADRESSES UTILES :

Centres de services aux entreprises du Canada (CSEC)
http://www.cbsc.org/français/fedbis/index.html

Développement des ressources humaines Canada
Brochure «Occupez-vous de vos affaires» http://www.globalx.net/ocd/minding/mind-fre/index-f.html
Publication «Se lancer en affaires» http://www.hrdc-drhc-gc-ca/hrdc/hrib/hrif/leis/career/lm399_f.html

Ministère de l'Industrie, du Commerce, de la Science et de la Technologie (MICST)
Services aux entreprises http://www.micst.gouv.qc.ca/micst/

Canada British Columbia Business Service Centre
On-line Small Business Workshop http://www.sb.gov.bc.ca/smallbus/workshop/workshop.html

---

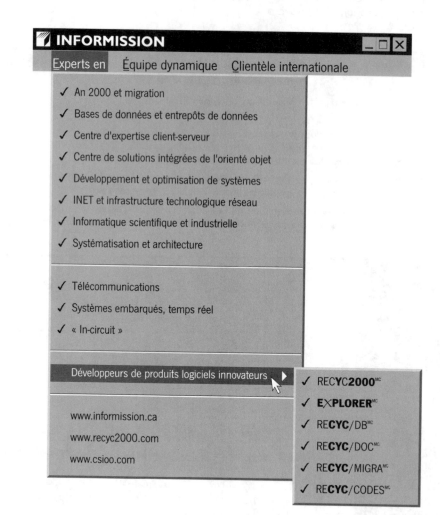

Le monde au bout d'une souris

> par Éric Grenier

L'informatique est un monde à part entière, dans tous les sens du terme. Ainsi, programmeurs, infographistes, chercheurs et spécialistes de réseaux peuvent profiter de la pénurie mondiale de main-d'oeuvre spécialisée et tenter leur chance outre-frontière.

Avant de partir pour la Côte d'Azur en 1995, Denis Valois se contentait des berges de la rivière Richelieu. Cet ancien professeur d'informatique au Collège militaire royal de Saint-Jean-sur-Richelieu a assisté à la fermeture du célèbre établissement, puis à son déménagement à Kingston, en Ontario, à la suite des coupures budgétaires sévères qu'a subies l'armée canadienne au cours des dernières années.

> **«Plusieurs raisons expliquent mon choix de m'expatrier en Europe. L'emploi offert, la carrière, le milieu (la France, plus particulièrement la Côte d'Azur!), la qualité de vie (le pont Champlain matin et soir?), le salaire et l'aventure.»**
>
> – Denis Valois

Plutôt que d'attendre d'être licencié ou transféré, l'informaticien a choisi de prendre le taureau par les cornes et a démissionné. «J'ai profité des incitatifs de l'armée canadienne pour réorienter ma carrière», dit-il. Scénario typique en ces temps de réorganisation économique. La recherche d'un nouvel emploi de haute qualité a toutefois été de courte durée. Quelques mois plus tard, Denis Valois réalisait son propre petit débarquement en France. Plus précisément à Sophia-Antipolis, l'équivalent européen de la Silicon Valley, tout près de Cannes et de Nice, sur la Côte d'Azur. Son employeur, la Société internationale de télécommunications aéronautiques (SITA), offre de la connectivité (données, images, voix), un *network provider*, dit-on dans le jargon spécialisé. Ses principaux clients : des compagnies aériennes (la bonne majorité de celles-ci), les constructeurs d'aéronefs (la très grande majorité de ceux-ci!) et tous les aéroports du monde.

«Plusieurs raisons expliquent mon choix de m'expatrier en Europe, dit Denis Valois. L'emploi offert, la carrière, le milieu (la France, plus particulièrement la Côte d'Azur!), la qualité de vie (le pont Champlain matin et soir?), le salaire et l'aventure.»

Peu de secteurs de l'économie offrent autant de possibilités de carrières à l'étranger que celui de l'informatique et des technologies de l'information. Ainsi, ▶

▶ chaque année, plusieurs Québécois tentent leur chance professionnelle ailleurs, où l'herbe semble plus verte. Certains poursuivent leur carrière pour des entreprises d'ici, mais font sans arrêt la navette entre le Québec et d'autres pays, pour des périodes plus ou moins longues, de quelques jours à plusieurs mois.

L'an 2000 crée de l'emploi

S'il y a une pénurie de main-d'oeuvre en informatique au Québec, la situation est parfois pire ailleurs, notamment en Europe, aux États-Unis et au Canada anglais. C'est que le changement de millénaire menace. «L'an 2000 occupe beaucoup de monde, ici comme ailleurs», dit Stéphanie Derenne, directrice du recrutement et du développement chez EIC, une firme de chasseurs de têtes.

La fin des systèmes informatiques, conçus au départ pour ne fonctionner qu'au XXe siècle, est la cause de toute cette effervescence. Un marché gigantesque pour les spécialistes en réseaux informatiques : uniquement pour le gouvernement du Québec, la facture de conversion des systèmes informatiques pour l'an 2000 dépasse

Illustration : Annie-Claude Gagnon

le milliard de dollars. On imagine la manne à l'échelle planétaire... De plus, le monde bancaire et gouvernemental européen doit se mettre à l'heure de l'euro, la monnaie unique pour tout le continent, qui doit entrer en vigueur — théoriquement, du moins — en 1999. Beaucoup de travail à court terme attend donc les gestionnaires informatiques du monde entier (voir page 24).

Une main-d'oeuvre universelle

Plusieurs nouveaux diplômés d'ici quittent pour l'ailleurs, mais ce n'est pas la norme. Contrairement à la rumeur qui laisse souvent entendre que le Québec se vide de ses cerveaux électroniques, la très grande majorité des nouveaux informaticiens québécois préfèrent demeurer au pays du sirop d'érable. Pourquoi, en effet, s'exiler ▶

Illustration : Annie-Claude Gagnon

▶ lorsque les emplois de qualité dans ce domaine abondent ici, et qu'à travail et formation égaux, les conditions salariales sont les meilleures? «Seulement quelques-uns de nos diplômés partent pour l'étranger», explique Maryse Deschênes, directrice du service de placement à l'École polytechnique de Montréal. En 1997, deux des soixante-quinze diplômés de la promotion 1996-1997 se sont envolés pour la Californie.

Pourtant l'offre existe. Les entreprises européennes et américaines viennent ici régulièrement pour faire du *scouting*, non parce que les informaticiens québécois sont meilleurs que les autres, mais simplement parce qu'il s'agit pour elles d'un endroit de plus où chercher la main-d'oeuvre partout introuvable. «J'ai souvent des appels d'entreprises européennes qui veulent de l'information sur la façon de procéder pour recruter chez nous», poursuit la directrice du service de placement de Polytechnique.

Partir pour mieux revenir

Denis Valois a fait le grand saut et a tout emmené avec lui : sa femme, ses enfants et même son chien husky! Mais ceux qui craignent de couper définitivement le cordon ombilical qui les rattache à la mère patrie peuvent également prétendre à une carrière outre-frontière. En effet, certaines entreprises d'ici envoient leurs employés locaux aux quatre coins du globe pour remplir des mandats bien précis. Plusieurs entreprises «prêtent» leurs employés à des tiers. Technology Plus, une entreprise québécoise, a ainsi une dizaine de Québécois sous contrat avec la compagnie de téléphone du Bahreïn, qui travaillent de concert avec des collègues britanniques, jordaniens, sud-africains...

Des multinationales ayant des places d'affaires au Québec peuvent aussi offrir des ouvertures à l'étranger. Sans compter les firmes comme EIC, qui embauchent des Québécois pour ensuite «louer» leurs services à diverses entreprises en France.

> ## «Je pars, je reviens, je repars. C'est sans arrêt et partout dans le monde : l'Égypte, la France, l'Australie.»
>
> – Alain LaBonté

Parfois, la carrière internationale se trouve là où on s'y attend le moins. Ainsi, Alain LaBonté ne répond pas à première vue au profil type de l'informaticien globe-trotter. C'est un fonctionnaire de l'État québécois qui travaille au Conseil du Trésor et vit à Québec. Pourtant, «je pars, je reviens, je repars. C'est sans arrêt et partout dans le monde : l'Égypte, la France, l'Australie», décrit le diplômé en informatique de gestion de l'Université Laval, qui a reçu son diplôme en 1973.

Trois facteurs expliquent la présence d'un informaticien au Conseil du Trésor : la gestion est aujourd'hui du domaine de l'informatique; les logiciels sont tous en anglais; l'État québécois doit fonctionner en français! «Je me spécialise depuis dix ans dans le soutien du français dans les technologies de l'information. Cet appui a nécessité l'adoption d'une politique de francisation au sein de l'administration — politique développée de concert avec l'Office de la langue française —, l'élaboration d'outils logiciels pour que cette politique soit techniquement applicable et qu'on évite de se servir du manque d'outils pour en faire un voeu pieux.»

Il s'agit d'un domaine très particulier, où le Québec est un précurseur et dont les applications possibles sont internationales. Comme quoi les crises linguistiques n'ont pas que du mauvais! «La conception de ces outils a nécessité une invention peu commune, car l'offre, tant locale, nationale qu'internationale, était très pauvre. J'ai été, et je demeure, un pilier de toute cette action sur le plan technique, mon rôle se situant à toutes les étapes. Il y a des linguistes informaticiens, mais je suis plutôt un informaticien spécialisé dans les aspects culturels et linguistiques des technologies en vue de leur adaptation, du plus petit gadget aux grands systèmes», poursuit-il. Et tous les claviers de Macintosh vendus au Canada français portent officieusement

son nom, même si Alain LaBonté s'en défend. «On l'appelle le clavier LaBonté, à tort : on ne me doit sur ce clavier que la présence de dix caractères français pleinement formés, utilisables beaucoup plus facilement qu'avec des touches mortes.»

Le prix à payer

La pénurie de main-d'oeuvre dans ce secteur de l'économie particulièrement vigoureux crée une forte pression à la hausse sur les salaires. Mais les questions d'argent demeurent un sujet tabou. Aux États-Unis, des salaires valant le double de ce qu'on offre ici pour un travail égal, ça existe. Mais ce n'est pas ▶

▶ donné à tout le monde. Il faut être un crack dans un domaine très précis.

> ## «Je pourrais facilement doubler mes revenus en allant travailler aux USA. Selon moi, quelqu'un partant travailler à l'étranger avec pour seul objectif de faire beaucoup de fric commet une grosse erreur.»
>
> – Denis Valois

Toutefois, les salaires élevés et les faibles taux de taxation ne révèlent pas tout. La réalité d'un milieu — comme la réputation chromée de la Côte d'Azur — peut en cacher une autre. Denis Valois en témoigne. Son champ d'expertise est relativement spécialisé : responsable de projets en sécurité informatique et de réseau, comme les *firewalls*, la cryptographie, etc. Sa formation universitaire est plutôt impressionnante : bac en informatique de système et maîtrise en informatique théorique de l'Université de Montréal. Sans compter son doctorat en génie électrique (spécialité logiciel), dont il n'a pu terminer la thèse.

«Il est vrai que le salaire que je gagne ici peut paraître très intéressant aux travailleurs au Québec. Les salaires d'outre-frontière semblent alléchants. Aux États-Unis, c'est un fait : on peut devenir riche (tout dépend de votre spécialité). En Europe, le coût de la vie est tellement élevé que même avec un salaire apparemment faramineux on se retrouve avec un train de vie équivalent à celui du Québec. Il faut savoir que ce train de vie est plus élevé que celui des Français. Par exemple, il est "normal" en

France que les deux conjoints travaillent. Dans mon cas, un seul salaire est suffisant.»

Pourquoi ne cherche-t-il pas à aller faire sauter la banque aux USA? Parce qu'il aime son boulot, la France, la Côte d'Azur, les Français du Sud... «Je pourrais facilement doubler mes revenus en allant travailler aux USA. Selon moi, quelqu'un partant travailler à l'étranger avec pour seul objectif de faire beaucoup de fric commet une grosse erreur.»

Une erreur en effet, car l'investissement initial n'est pas négligeable. Dans le cas de Denis, il a dû vendre sa maison à perte, la voiture, les meubles. Celui qui désirerait conserver ses biens devrait certainement les entreposer. D'une façon ou d'une autre, cela implique des frais. Une fois sur le sol étranger, il faut se meubler, éventuellement posséder un moyen de transport, etc., bref, repartir à neuf. Aussi, fait-il remarquer, les sociétés qui donnent les contrats à l'étranger n'offrent pas en général de fonds de retraite. L'employé doit donc percevoir lui-même sur son salaire une cotisation appropriée.

«Il serait extrêmement difficile de supporter le dépaysement avec uniquement un motif pécuniaire, poursuit Denis. L'ensemble des tracasseries administratives, les mentalités et les valeurs différentes deviendraient rapidement insupportables. Il faut donc nécessairement trouver un plaisir à l'intégration dans le milieu. Inutile de préciser qu'une personne uniquement motivée par l'argent ne fera pas beaucoup d'efforts en ce sens.»

Pas pour tous

Les préalables pour faire carrière à l'étranger sont souvent autres que scolaires ou professionnels. La connaissance

> **«Ce n'est pas seulement une question de pouvoir "parler pointu", mais d'accepter de vivre comme un Français, avec tout ce que cela comporte. Dans tous les cas, il faut une connaissance minimale du milieu dans lequel on plonge. Bref, quand on travaille à l'étranger, il faut se comporter en invité.»**
>
> – Denis Valois

parfaite de l'anglais, une débrouillardise hors du commun et l'humilité de l'immigrant sont essentielles. «Non, tout le monde ne peut pas aller travailler à l'étranger. Il faut être débrouillard et avoir une bonne dose de patience et d'humour. Certaines personnes ne pourront jamais voyager. Sauf peut-être dans des Clubs Med. Alors que d'autres sont capables de traverser la Cordillère des Andes en solo!» affirme Denis Valois.

Ceux qui partent et réussissent font de la connaissance de leur milieu d'adoption un incontournable. Et ils savent se faire «petits» une fois sur place, au début du moins. «Il faut savoir s'adapter aux coutumes, aux mentalités, aux valeurs. Ce n'est pas seulement une question de pouvoir "parler pointu", mais d'accepter de vivre comme un Français, avec tout ce que cela comporte. Dans tous les cas, il faut une connaissance minimale ▶

▶ du milieu dans lequel on plonge. Bref, quand on travaille à l'étranger, il faut se comporter en invité», explique-t-il.

À moins d'être célibataire, il y a une condition *sine qua non* à la réussite d'un tel projet et des nécessaires ajustements qui en découlent, croit Denis : «C'est le soutien total du conjoint. Il faut se serrer les coudes à l'intérieur du couple et se soutenir mutuellement!»

Si toutefois on choisit un *job* de globe-trotter, comme Alain LaBonté, les difficultés sont tout autres : l'isolement parce qu'on voyage seul, le surcroît de travail au retour, le retard par rapport à l'actualité d'ici. Mais le pire ennemi d'Alain, c'est l'horloge! «On ne s'adapte pas vraiment au décalage horaire. On pense acquérir des trucs, qui sont personnels et ne sont, somme toute, que des placebos. Vivre dans ses valises est parfois dur, très dur même, mais prendre quelques jours de congé sous des cieux nouveaux n'est pas dénué de charme non plus. L'adaptation est constamment aigre-douce. Le plus dur est de concilier les intérêts familiaux, la vie sociale entre amis locaux et la vie avec un *jet-set* excentrique.» ■

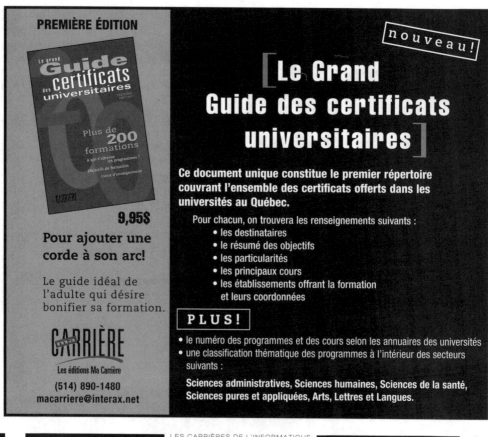

Nouveau guide
sur les carrières de l'informatique

L'*Association québécoise d'information scolaire et professionnelle* (AQISEP) est heureuse d'appuyer l'initiative du groupe "Ma Carrière" dans la production et la réalisation de ce nouveau guide. Les élèves, jeunes et adultes, du Québec et leurs parents ont besoin d'outils pédagogiques de cette nature pour les accompagner dans leurs choix scolaires et professionnels.

De plus, les gens qui œuvrent en information scolaire et professionnelle demandent et souhaitent la production de tels outils pour leur travail de tous les jours auprès des élèves. C'est essentiel pour aider et guider nos élèves vers des choix réalistes en fonction des nouvelles réalités du travail, des technologies de l'information et de la communication.

Ce guide est un document qui complète très bien le guide déjà produit par le MEQ sur le sujet. De plus, il vient appuyer les autres productions de "Ma Carrière" dans d'autres domaines fort importants. De telles initiatives sont des atouts majeurs à l'information scolaire et professionnelle. De plus, elles contribuent à diversifier les choix des élèves pour mieux s'adapter aux nouvelles réalités de l'emploi et des formations.

L'AQISEP existe depuis plus de 35 ans. Elle regroupe des spécialistes de l'information scolaire et professionnelle œuvrant auprès des élèves, jeunes et adultes, désirant être informés et conseillés dans différents domaines reliés à la gestion de carrière : le choix professionnel, la planification de projets de vie et de travail, la formation sur mesure, le recyclage, la reconnaissance des acquis, la recherche d'emploi, l'entrepreneurship... Nous retrouvons au Québec au-delà de 2 500 de ces spécialistes de l'information scolaire et professionnelle dans tous les milieux où des jeunes et des adultes sont en processus de choix professionnels, tant dans le secteur public (commissions scolaires, collèges, cégeps, universités, services de main-d'œuvre...) que dans l'entreprise privée (chez les consultantes et consultants en ressources humaines, en reclassement professionnel, dans les services de placement spécialisés et en gestion des ressources humaines dans toute entreprise).

Le Président,
Gaston Leclerc

ASSOCIATION QUÉBÉCOISE
D'INFORMATION SCOLAIRE
ET PROFESSIONNELLE

LE RÉSEAU D'INFORMATION

166, rue du Petit-Bois, Loretteville (Québec) G2A 4E6 Tél. : (418) 847-1781

Visite guidée

➤ par Nathalie Collard

Dans la seule région de Montréal, environ 800 petites compagnies font de l'informatique, sans compter les plus grosses entreprises, comme Alis Technologies, CAE Électronique ou Nortel, qui emploient la majorité des diplômés en informatique et en technologies de l'information. Le dynamisme de l'industrie québécoise a une répercussion directe dans les centres de recherche spécialisés ainsi que dans les universités québécoises.

Au Québec, c'est dans le secteur du génie logiciel que nos chercheurs sont avant tout reconnus. Viennent ensuite (mais pas nécessairement dans cet ordre) les domaines des télécommunications, de l'intelligence artificielle, des systèmes de communication personnelle, de la synthèse d'image, etc.

Dans une entrevue accordée au quotidien *La Presse* en novembre dernier, Denis Dionne, grand patron de Sofinov, la filiale de la Caisse de dépôt et placement qui investit dans les domaines de la haute technologie, explique que les secteurs les plus populaires au cours des prochaines années seront ceux qui auront su développer l'interface entre l'humain et l'ordinateur, comme les systèmes de reconnaissance de la voix et les systèmes de traduction automatique.

> **Montréal n'est peut-être pas Silicon Valley, mais elle se situe tout de même au septième rang des villes nord-américaines en regard du nombre d'emplois en technologies de l'information.**

On observe également un intérêt particulier pour tout ce qui peut faire évoluer les systèmes de vidéoconférences, l'automatisation du travail et la sécurisation des réseaux. Enfin, les efforts dans les domaines de la simulation, de la miniaturisation ainsi que dans tout ce qui permettra de faciliter l'accès aux ordinateurs en général seront particulièrement récompensés.

Photo : PPM

Selon Hubert Manseau, p.-d. g. de la société de capital-risque Innovatech du Grand Montréal, les universités québécoises forment actuellement une forte proportion de spécialistes, étant donné la demande des grandes entreprises. Toujours d'après M. Manseau, la totalité des diplômés universitaires en informatique sont embauchés à la fin de leurs études et peuvent compter sur un salaire de départ d'environ 35 000 $.

Enfin, Montréal n'est peut-être pas Silicon Valley, mais elle se situe tout de même au septième rang des villes nord-américaines en regard du nombre d'emplois en technologies de l'information.

Ceci dit, à l'heure actuelle, il est impossible de brosser un tableau global des activités de recherche en informatique au Québec. L'information n'existe tout simplement pas encore. Question de donner un aperçu des activités de recherche à travers la province, nous vous proposons donc une visite des différents départements universitaires québécois où il se

fait de la recherche dans le secteur de l'informatique et des technologies de l'information. Un carnet d'adresses (voir page 107) vous permettra de compléter ces renseignements.

Université du Québec

Le réseau de l'Université du Québec abrite plusieurs unités de recherche, soit dans ses universités, ses instituts ou ses écoles.

Université du Québec à Montréal

À l'UQAM, la recherche informatique s'effectue dans trois départements distincts : les communications (où l'on étudie la relation entre les nouvelles technologies et la communication, les réseaux de communication ainsi que le multimédia interactif) et en science de la gestion (où l'on travaille sur l'informatique des systèmes, l'informatique de gestion ainsi que l'informatique théorique). C'est bien entendu au sein du département d'informatique que les activités de recherche sont les plus ▶

nombreuses et les plus diversifiées. Le domaine d'expertise de ce département est sans contredit le génie logiciel (on dit qu'il s'agit d'un des meilleurs départements en Amérique du Nord). La recherche qu'on y fait est orientée vers les organisations et on y compte huit laboratoires. Particularité du département : on permet aux étudiants de poursuivre leurs études supérieures à temps partiel, c'est-à-dire qu'ils peuvent travailler et étudier en même temps.

Dans le domaine du génie logiciel, on s'intéresse particulièrement à l'analyse des points de fonction et à la mesure de la maintenance d'un logiciel. Les autres laboratoires se penchent entre autres sur l'intelligence artificielle, les bases de données, la microélectronique, la télé-informatique, les agents intelligents et l'apprentissage à distance.

Université du Québec à Trois-Rivières

Le département de mathématiques et d'informatique de l'Université du Québec à Trois-Rivières, bien que plus modeste que celui de Montréal, possède tout de même un secteur de recherche dynamique. On y trouve des équipes de recherche spécialisées en traitement d'images et en reconnaissance de formes, en calcul numérique et visualisation scientifique, en graphisme par ordinateur et géométrie algorithmique, en probabilités et statistique, en télédétection, en intelligence artificielle, en robotique, en génie logiciel ainsi qu'en inspection automatisée.

Université du Québec à Chicoutimi

À Chicoutimi, le département de sciences appliquées abrite ERMETIS, soit l'Équipe de recherche en microélectronique et en traitement informatique des signaux. On y fait l'étude et la conception d'ordinateurs parallèles (qui

peuvent mener de front plusieurs opérations); on s'intéresse aux environnements intégrés de conception assistée par ordinateur (CAO) ainsi qu'au traitement de la parole et aux réseaux de neurones. Les chercheurs qui oeuvrent au sein de ce département travaillent fréquemment en collaboration avec leurs collègues de l'UQAM.

Université du Québec à Hull

Il se fait également de la recherche en informatique dans cette composante de l'UQ située dans l'Outaouais. À l'UQAH, on s'intéresse plus spécifiquement aux systèmes répartis, à la télécommunication, à l'intelligence artificielle, au génie logiciel, à l'informatique de gestion ainsi qu'à l'algorithmique et à l'optoélectronique.

École de technologie supérieure

L'École de technologie supérieure compte cinq centres de recherche qui regroupent environ une centaine de chercheurs (étudiants et professeurs confondus) sous la tutelle du département de génie de la production automatisée.

Le L. A. M. (laboratoire d'automatique et de mécatronique) se spécialise dans la conception, l'amélioration globale et l'intégration des systèmes manufacturés.

Le L. I. V. I. A. (laboratoire d'imagerie, de vision et d'intelligence artificielle) est l'un des plus importants au Canada. On y travaille notamment la vision artificielle, l'infographie et la synthèse d'image (qui trouvent leur application en cinéma d'animation par exemple) et l'imagerie biomédicale.

Enfin le L. I. T. I. (laboratoire d'intégration des technologies de l'information) s'emploie à proposer des solutions pour intégrer les technologies de pointe dans l'application des systèmes de sécurité et des systèmes de surveillance électronique. Des travaux de recherche qui intéressent particulièrement des organisations comme la Gendarmerie royale du Canada et la Sûreté du Québec.

INRS-Télécommunications

Les spécialistes sont unanimes : le Canada aurait perdu son leadership dans le domaine des télécommunications. Mais attention! Il se fait tout de même de la recherche dans ce domaine. À l'INRS-Télécommunications, on s'intéresse à six domaines de recherche particuliers : les réseaux de télécommunication, les communications visuelles, les communications verbales (reconnaissance de la parole), les logiciels de

télécommunication, les systèmes de communication personnelle et le traitement numérique des signaux. On y trouve également la Chaire de recherche industrielle Bell Québec/Nortel/NSERC en communications personnelles, une unité dont le programme de recherche quinquennal (qui doit se terminer en 1999) est consacré à l'intégration des différents services de télécommunications sur le même réseau sans fil.

Université de Montréal

Le département d'informatique et de recherche opérationnelle, mieux connu sous le nom de DIRO, est sans doute l'un des plus importants de la province avec ses dix-sept laboratoires de recherche. Nous vous suggérons de ▶

▶ visiter le site Internet du département (vous trouverez les coordonnées dans le carnet d'adresses en page 107) et de contacter les professeurs responsables des différents laboratoires.

Voici la liste des laboratoires de recherche du DIRO : Analyse et synthèse des systèmes ordinés (LASSO); Biologie informatique et théorique (LBIT); Centre de recherche sur les transports (CRT); Génie logiciel (GELO); Groupe de recherche interuniversitaire en tutoriels intelligents (GRITI); Groupe interuniversitaire en architecture des ordinateurs et VLSI (GRIAO); Infographie; Informatique des systèmes adaptatifs (LISA); Informatique théorique et quantique; Intelligence artificielle (INCOGNITO); Linguistique informatique (RALI); Multimédia et tutoriels intelligents (HERON); Optimisation et simulation numérique; Simulation numérique; Parallélisme; Téléinformatique; Vision et modélisation géométrique.

HÉC

À l'École des hautes études commerciales, on effectue de la recherche dans les domaines des technologies de l'information et de l'informatique de gestion (il s'agit en fait du plus gros département d'informatique de gestion dans l'ensemble de la francophonie). La recherche, qui se fait sous l'ombrelle de la gestion des technologies de l'information, vise avant tout à améliorer l'organisation et la gestion des TI dans la vie des organisations.

On y étudie notamment des façons de mesurer le risque, on y élabore des schémas de classification, on tente de trouver des moyens de gérer les conflits au sein des entreprises. De plus, on observe l'effet des outils informatiques sur le travail des cadres et on essaie de comprendre le processus de prise de décision en groupe ainsi que l'influence de la technologie sur ces prises de décisions. Il s'agit donc d'un département qui se consacre surtout à la recherche expérimentale. On y forme de grands professionnels plutôt que des chercheurs.

Le profil du chercheur

Parlez avec n'importe quel chercheur et il vous dira à quel point il en a assez de l'image négative accolée à ceux et celles qui consacrent leur vie à la recherche (le «savant fou» ou portant sarreau et lunettes épaisses!). Peu importe le domaine dans lequel il évolue, le chercheur québécois est souvent déçu du peu de considération dont lui et ses pairs font l'objet dans notre société. Dans ces conditions, les premières qualités que devrait posséder un bon chercheur sont l'humilité ainsi qu'un moral d'acier, question de ne pas se laisser démotiver.

En informatique, un bon chercheur doit être capable de s'adapter au changement. C'est un domaine qui évolue à toute vitesse et il est difficile d'envisager une carrière dans un seul et même secteur de cette discipline.

De plus, contrairement à d'autres domaines de recherche, il n'est pas nécessairement en quête de vérités fondamentales ou absolues. Son objectif est surtout de trouver une utilité immédiate aux résultats qu'il obtient. L'informatique est un domaine où l'on solutionne des problèmes concrets, un secteur où la recherche est avant tout enracinée dans la réalité. D'ailleurs, la très grande majorité de ses activités sont subventionnées par l'entreprise.

Qu'il évolue en informatique, en biologie ou en physique, un bon chercheur se doit d'être curieux, patient et capable de travailler en équipe. Les directeurs des départements sont unanimes : quand vient le temps d'embaucher un chercheur au sein d'une équipe, la personnalité pèse lourd dans la balance. ▶

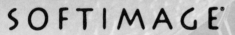

▶ Université McGill

Le département de sciences informatiques (*Computer Science*) de l'Université McGill abrite six groupes de recherche qui se consacrent aux champs d'études suivants : les systèmes parallèles (ACAPS), la géométrie informatique (*computational geometry lab*), qui est un laboratoire où les chercheurs tentent entre autres de résoudre les problèmes de géométrie reliés à la robotique (un exemple : comment élaborer la main d'un robot pour qu'elle puisse trouver prise sur un objet rectangulaire composé de deux parallèles), le design de fontes, l'analyse de probabilités et le génie logiciel, qui comporte à lui seul huit projets de recherche.

L'Université McGill est également reconnue pour son Centre de robotique (CIM ou *Centre for intelligence machines*) dont l'objectif est de comprendre et de créer des systèmes au comportement intelligent. Le CIM regroupe des activités de recherche de plusieurs départements, dont celui d'informatique qui supervise le laboratoire où l'on étudie la robotique mobile et les groupes de reconnaissance des formes (*mobile robotics and shape recognition group*).

Université Concordia

L'Université Concordia possède sept centres de recherche. Le CENPARMI (*Centre for pattern recognition and machine intelligence*), un laboratoire géré conjointement avec l'École polytechnique et l'École de technologie supérieure et où l'on travaille sur des projets en collaboration avec des firmes aussi prestigieuses que IBM, Philips et la société japonaise NTT.

L'Université Concordia est aussi le siège du CICMA (Centre universitaire en calcul mathématique), un centre où l'on retrouve également des chercheurs des universités McGill et Laval.

Le CENSIPCOM, l'un des plus gros centres de recherche de l'Université, s'intéresse quant à lui aux problèmes des communications par signaux (*signal processing communication*) et regroupe une soixantaine de chercheurs, dont quarante étudiants.

À lui seul, le CIC (*Centre for industrial control*) fournit du travail à une quarantaine de personnes réparties à travers huit laboratoires dont l'objectif premier est de résoudre des problèmes informatiques dans le secteur industriel.

Le CONCAVE s'intéresse pour sa part aux technologies liées au secteur du transport et tente de résoudre des problèmes relatifs à la sécurité routière, à la gestion de la pollution, au design et à la performance des véhicules, etc.

Le CONCOM (Centre de recherche sur les composites), où l'on retrouve également des chercheurs en génie, en chimie et en physique, se penche sur l'évaluation et l'équipement manufacturier.

Enfin les chercheurs associés au SIRI-CON étudient la dynamique des fluides; les résultats de leurs travaux sont utilisés dans l'industrie de la construction.

Université Laval

On y retrouve cinq groupes ou laboratoires de recherche qui font avancer la connaissance dans les secteurs suivants : les télécommunications, le génie logiciel, l'informatique cognitive (c'est-à-dire l'intelligence artificielle), la radiocommunication et le traitement de signal ainsi que l'application de l'informatique à l'industrie minérale (un domaine de recherche exclusif à l'Université Laval).

Université de Sherbrooke

L'Université de Sherbrooke jouit d'une très bonne réputation dans les domaines du génie logiciel et de l'intelligence artificielle. Sous la coupole des départements de génie informatique et du département des mathématiques et de l'informatique, on y effectue aussi de la recherche en télécommunications, en infographie ainsi qu'en informatique théorique. Le département regroupe dix-huit professeurs et les activités de recherche sont réparties dans trois laboratoires différents. ∎

Carnet d'adresses

École de technologie supérieure (sous la rubrique recherche) :
http://www.etsmtl.ca/index.htm

École des hautes études commerciales : http//:www.canarie.hec.ca/recherche/

École polytechnique de Montréal : http//:www.polymtl.ca/rechndx.htm

INRS-Télécommunications : http://www.inrs.telecom.uquebec.ca/f_maidoc.html

Université Concordia : http://www.encs.concordia.ca/research/

Université de Montréal (DIRO) : http://www.iro.umontreal.ca/

Université de Sherbrooke (département de mathématiques et d'informatique) :
http://www.dmi.usherb.ca/

Université du Québec à Montréal (département d'informatique) :
http://saturne.info.uqam.ca

Université du Québec à Chicoutimi : http://www.uqac.uquebec.ca

Université du Québec à Hull : http://www.uqah.uquebec.ca

Université du Québec à Trois-Rivières : http://www.uqtr.uquebec.ca

Université Laval (faculté de sciences et génie) : http://www.fsg.ulaval.ca/

Université McGill (faculté de génie) : http://www.mcgill.ca/engin.html

School of computer science : http://www.cs.mcgill.ca

Le Centre de recherche informatique de Montréal (CRIM) :
http://www.crim.ca

Mode d'emploi

➤ par Charles Grandmont

Pour faire carrière en informatique, nul besoin de faire une croix sur sa vie sociale et de s'enchaîner devant un écran d'ordinateur de l'aube au crépuscule. En fait, les différents programmes d'études menant au marché du travail couvrent un champ d'activité très large, qui dépasse de beaucoup la programmation proprement dite. De l'art de la micro-soudure au marketing, en passant par le multimédia et la robotique, les cégeps et les universités n'ont d'autre choix que d'adapter leurs cours à l'inévitable invasion de l'ordinateur dans presque tous les domaines de l'économie.

Alléchés par la possibilité d'obtenir un emploi presque instantanément, les futurs travailleurs du monde de l'informatique frappent en masse aux portes des cégeps et des universités. Une fois le dossier d'admission en main, ils sont toutefois nombreux à être saisis de vertige devant le nombre et la complexité des programmes qui s'offrent à eux.

> **«Il y a beaucoup de nos étudiants qui abandonnent parce qu'ils ont été mal informés sur le contenu de notre programme. Ils croient qu'ils vont apprendre à travailler sur Internet ou à faire des jeux!»**
>
> – Antonio Tavares, Collège Ahuntsic

On les comprend. Même les responsables scolaires avouent que les différents programmes se ressemblent, voire se chevauchent. Pour compliquer les choses, les institutions d'enseignement chambardent les profils d'études presque au même rythme où Microsoft met sur le marché de nouvelles versions de ses logiciels.

Dans ces conditions, choisir le bon programme d'études représente un défi de taille, que tous ne réussissent pas à relever. «Il y a beaucoup de nos étudiants qui abandonnent parce qu'ils ont été mal informés sur le contenu de notre programme. Ils croient qu'ils vont apprendre à travailler sur Internet ou à faire des jeux!» raconte Antonio Tavares, professeur au département d'informatique du Collège Ahuntsic.

Un peu d'aide pour s'y retrouver?

Prenons l'exemple d'un ordinateur. Pour simplifier le tout, disons que d'un côté, il y a ceux qui l'ont construit, et de l'autre, ceux qui l'utilisent. Ainsi, tout ce qui touche à la conception de la quincaillerie informatique, c'est-à-dire le boîtier, les puces, le clavier, l'écran, etc., gravite autour des programmes de génie électrique et des techniques collégiales qui s'y rattachent.

Pour faire fonctionner l'ordinateur, il faut ensuite des logiciels, dont les millions de lignes de code ont été patiemment écrites par les programmeurs-analystes formés au cégep, à l'université ou dans les écoles spécialisées. Et quand vient le temps de bricoler les liens entre la quincaillerie et les logiciels, c'est au tour des ingénieurs en informatique d'entrer en scène.

> **La plupart des programmes d'études préparant aux carrières de l'informatique ne sont pas contingentés, car les institutions d'enseignement ne parviennent pas à combler l'énorme demande de main-d'oeuvre de l'industrie.**

Une fois l'ordinateur livré au client, une foule de consultants feront leur apparition dans le portrait. Généralement diplômés des facultés d'informatique pure ou d'informatique de gestion, leur mission est de tailler sur mesure les systèmes informatiques pour qu'ils s'adaptent aux besoins des compagnies. C'est là que la confusion des genres est la plus forte, car ce domaine est occupé par des spécialistes aux formations très diverses qui prétendent tous être les mieux outillés pour répondre aux besoins des clients.

Finalement, il faut prévoir qu'un ordinateur, aussi perfectionné puisse-t-il être, finit toujours par tomber en panne, d'où l'importance capitale des technologues

en électronique, les bouées de sauvetage quand l'ordinateur coule à pic, et vous avec.

Les écoles tournent à plein régime

La plupart des programmes d'études préparant aux carrières de l'informatique ne sont pas contingentés, car les institutions d'enseignement ne parviennent pas à combler l'énorme demande de main-d'oeuvre de l'industrie. Assurés d'avoir du boulot à la fin de leurs études, plusieurs optent pour le chemin le plus court vers le marché du travail, soit une technique collégiale ou un certificat universitaire.

Attention! En informatique comme dans les autres domaines, l'éternelle équation entre le nombre d'années d'études et le niveau de salaire s'applique. Un programmeur-analyste ayant complété une technique pourra s'attendre à un salaire de départ d'environ 25 000 $, alors que celui ayant un diplôme universitaire commencera à 30 000 $ ou même 40 000 $ par année.

La question de la pertinence de la formation se pose également, certaines voix affirmant que l'informatique évolue trop vite pour pouvoir être enseignée sur les bancs d'école. Effectivement, il est tout simplement impossible d'être parfaitement à jour quand on décroche son diplôme, sauf peut-être dans des domaines de recherche très pointus à la maîtrise ou au doctorat.

Les programmes fournissent par contre une solide base de formation qui ouvrira les portes des entreprises. C'est une fois sur le marché du travail que commence la course perpétuelle pour rattraper les derniers développements technologiques.

▶

GÉNIE INFORMATIQUE

Apprendre à apprendre

➤ par Claudine St-Germain

Quand Alex Langelier est entré à l'École polytechnique, il n'était pas encore certain de la voie qu'il choisirait parmi les différentes carrières en génie. C'est en suivant les cours de base, communs à tous les futurs ingénieurs de cet établissement, qu'il a opté pour l'informatique. «J'aimais l'idée qu'avec un programme informatique, on peut tout faire! Le génie électrique touche plus le *hardware*, le matériel en tant que tel, alors que le génie informatique s'intéresse aux systèmes et aux programmes, ce qui m'attirait davantage.»

Alex Langelier

Photo : PPM

«En génie, on apprend à apprendre; les cours proposent une méthode pour créer. Le professeur te donne un problème, quelques outils et hop! il faut que tu trouves une solution! Ainsi, je suis moins calé en programmation que les informaticiens, mais pour créer un système à partir de zéro, je vais être meilleur.»

▶ L'ABC de la fabrication

Pour qui est intéressé à travailler sur du matériel concret, les différentes filières de formation menant à la fabrication d'ordinateur sont tout indiquées. Il y en a aussi pour tous les goûts, de la technique collégiale au certificat universitaire, en passant par le bac et même, pour les plus persévérants, par la maîtrise ou le doctorat.

Au cégep, deux techniques issues du génie électrique se partagent les différents aspects de la quincaillerie informatique : **technique en conception électronique** et **technique en systèmes ordinés**.

Le diplômé en génie électrique peut s'occuper tant de la conception de nouveaux systèmes que de leur implantation en milieu industriel.

La première année d'études est la même pour les deux programmes; ce n'est qu'au cours des deux suivantes que l'étudiant acquiert une spécialisation.

La création est un mot qui revient souvent dans les phrases d'Alex. Pourtant, le jeune ingénieur est loin du domaine artistique : deux jours après avoir terminé son bac, au printemps 1997, il était au boulot chez Oerlikon Aerospatiale, à Saint-Jean-sur-Richelieu. «Présentement, j'ai un contrat pour l'armée canadienne. Je développe des procédures de tests de radars. J'étudie le fonctionnement du système, le code en place, l'interaction avec le *hardware*; je comprends comment tout ça fonctionne ensemble et, ensuite, je définis la meilleure méthode pour effectuer des tests.»

Alex forme, avec deux ingénieurs électriques, une équipe multidisciplinaire et complémentaire. Il insiste d'ailleurs sur les qualités personnelles, comme l'aptitude à travailler avec des collègues, qui sont plus importantes que les connaissances purement techniques, selon lui. «Quand on commence un nouvel emploi, les patrons veulent voir si on s'intègre bien à l'équipe. De toute façon, en arrivant, on reçoit une nouvelle formation, des notions de travail et de programmation... On sort à peine de l'école, et ça recommence!» raconte-t-il avec humour.

Alors que d'autres ingénieurs veulent davantage se spécialiser dans les aspects techniques, Alex songe plutôt à se diriger vers la gestion de projets. «J'aime le côté humain du génie. J'aimerais devenir chef d'une équipe, guider les autres, les aider à créer.»

Il est fort probable qu'il réalisera cette ambition au sein d'une autre entreprise. En effet, le taux de roulement dans le domaine est très élevé. Les offres alléchantes se font si nombreuses — «Les concurrents nous appellent même au travail pour nous offrir un contrat!» dit Alex — que bien des ingénieurs passent rarement plus de deux ans au même endroit. «Si tu veux être compétitif et avoir le meilleur salaire possible, tu déménages, explique Alex. Moi, mon contrat finit en juillet, et je m'attends à changer d'endroit, je suis prêt à ça.»

Peut-être se retrouvera-t-il dans un domaine totalement différent de celui où il travaille actuellement, une possibilité qui ne lui fait nullement peur. «Au contraire, j'aime apprendre des choses nouvelles. Ça risque d'être très intéressant! C'est facile de s'adapter quand, à l'université, on a appris à apprendre.»

La plus récente des deux techniques, en conception électronique, prépare à assurer le soutien des ingénieurs ou des chercheurs qui mettent au point des procédés comprenant des circuits numériques.

La technique en systèmes ordinés touche également aux circuits électroniques, mais elle est davantage axée sur les systèmes contrôlés par ordinateur plutôt que sur les ordinateurs eux-mêmes. Comme la précédente, cette technique requiert une bonne dose de minutie, ne serait-ce que pour souder les très petites composantes qui forment les circuits intégrés.

À l'université, les voies de formation sont plus variées. À l'Université du Québec à Montréal, le **certificat en microprocesseurs**, d'une durée d'un an, se consacre principalement à la conception de circuits et de composantes informatiques. Par sa courte durée, ce certificat s'adresse davantage à des gens sur le marché du travail qui recherchent une spécialisation, comme des techniciens ou des mathématiciens. Pour les autres, l'UQAM propose également un ▶

INFORMATIQUE

Un virage réussi

➤ par Claudine St-Germain

L'informatique peut prendre des visages bien différents, selon les domaines auxquels on l'associe. Hélène Rouette a parfaitement compris ce principe et en a profité pour se dénicher un emploi qui réunit tous ses intérêts.

Hélène travaillait dans le domaine de la santé comme inhalothérapeute. Elle aimait ce milieu, mais avait envie d'apprendre autre chose, de relever de nouveaux défis. En 1991, la revoilà donc sur les bancs d'école, à l'Université du Québec à Trois-Rivières. «J'ai choisi le bac en informatique parce que j'aimais beaucoup les mathématiques et que les technologies informatiques me fascinaient.» Elle continue néanmoins à travailler comme inhalothérapeute, en se

➤ **bac en microélectronique** qui reprend les grandes lignes du certificat en microprocesseurs, mais en allant plus loin.

Pour les petits génies

Ceux qui sont prêts à étudier un peu plus longtemps peuvent se tourner vers les facultés de génie et leur bac en **génie électrique**, d'une durée habituelle de quatre ans. La plupart des programmes comportent un tronc commun, suivi d'une spécialisation, généralement en **microélectronique**, en **télécommunications** ou en **informatique**.

Cette dernière spécialité, comme nous le verrons plus loin, a cependant moins à faire avec la fabrication de disant que si ses études l'ennuient elle a toujours une autre profession.

C'est toutefois le contraire qui s'est produit : dans ce nouvel univers, Hélène se retrouve comme un poisson dans l'eau. «J'aimais les maths et le côté logique de l'informatique. Et puis, je trouvais que faire de la programmation, c'était un peu comme créer quelque chose... J'adorais ça!» Après avoir obtenu son diplôme en 1995, elle continue d'abord son travail en inhalothérapie en se consacrant aux soins à domicile. Puis, à la suite des coupures dans le milieu de la santé, elle se lance à la recherche d'un emploi, armée de ses nouvelles connaissances.

«Comme j'avais une formation en informatique et de l'expérience dans le domaine médical, j'ai décidé de chercher un emploi où je pourrais relier les deux», explique-t-elle. Ce poste idéal, elle l'a trouvé : depuis le printemps 1997, elle est programmeuse-analyste chez Quintiles Canada, une entreprise qui offre des services aux compagnies pharmaceutiques.

Dans le cadre des recherches effectuées pour tester de nouveaux médicaments, Quintiles Canada fait la collecte, la vérification et l'analyse de données cliniques. Tous les dossiers sont entrés dans des bases de données, validés et analysés par des statisticiens. «Moi, je travaille au service des opérations statistiques, dit Hélène. Je prépare la structure des bases de données spécifiques à chaque étude ainsi que les écrans pour la saisie des données. Je fais aussi des programmes pour vérifier la validité des données entrées et j'assure le support du système qui en effectue la gestion.»

À l'entendre décrire ses tâches avec enthousiasme, on devine sans peine qu'Hélène adore son boulot. «J'aime travailler en informatique dans un contexte médical, étant donné mon expérience dans ce domaine. Le côté analyse me plaît aussi beaucoup.»

Comment a-t-elle vécu le passage de l'université au marché du travail? «Disons que l'école, c'est très différent de la vraie vie. En informatique, il y a tellement de domaines dans lesquels on peut se diriger qu'on ne peut être préparé à tout en sortant de l'université. On y acquiert une bonne base, et c'est à nous ensuite de nous débrouiller en arrivant dans un nouveau milieu.»

À 38 ans, Hélène est heureuse du virage professionnel qu'elle a entrepris, en grande partie parce qu'elle a su judicieusement jumeler ses connaissances. «J'adore ce que je fais en ce moment, et je veux rester ici. Mais si je devais changer d'emploi, je demeurerais quand même dans le domaine médical, parce que je tiens à conserver mes deux champs d'intérêt.»

composantes proprement dite. Quant aux télécommunications, elles comportent une bonne part de travail en milieu numérique, notamment pour la compression des données par traitement informatisé des signaux.

Le diplômé en génie électrique peut s'occuper tant de la conception de nouveaux systèmes que de leur implantation en milieu industriel. De par sa formation, l'ingénieur travaillera davantage à planifier et à coordonner la fabrication qu'à souder lui-même les différentes pièces.

«Les ingénieurs en génie électrique travaillent surtout sur du matériel, mais ils sont tout de même des utilisateurs de logiciels», relève le directeur du programme de génie informatique de ▶

▶ l'Université de Sherbrooke, Daniel Dalle.

«Les emplois occupés par les finissants sont très divers et peuvent être autant dans les PME que dans les grandes entreprises, comme Matrox (qui embauche le tiers de tous les diplômés chaque année), Ericsson ou Hydro-Québec», ajoute-t-il.

Les technologues en informatique seront souvent LA référence quand les systèmes informatiques ne tourneront pas rond, ce qui les oblige à développer des aptitudes pour le soutien technique, en plus de leurs habiletés de programmation.

Pour ce qui est du **génie informatique**, il s'agit d'une branche du génie électrique qui a commencé à voler de ses propres ailes. Dans certaines universités, c'est même un programme tout à fait indépendant.

«Les étudiants en génie électrique et ceux en génie informatique ont un tronc commun au début, mais le génie informatique est orienté vers la conception et le développement de logiciels, plutôt que sur la fabrication. De plus, les étudiants en génie informatique vont apprendre des langages de programmation, car ils sont souvent appelés à diriger des équipes de techniciens ou de programmeurs», explique le directeur du module d'ingénierie de l'Université du Québec à Chicoutimi, Marcel Paquet.

Ainsi, les programmes de génie informatique ne sont pas que des programmes de génie électrique assortis de quelques cours d'informatique. Les ingénieurs informaticiens doivent concevoir des systèmes informatiques en tenant compte tant de l'aspect quincaillerie que de l'aspect logiciel. Ils pourront fabriquer notamment des systèmes contrôlés par ordinateur ou encore élaborer des systèmes de bases de données ou des systèmes experts. La robotique, les réseaux et les systèmes d'intelligence artificielle font aussi partie du quotidien de certains diplômés.

À propos de programmation

Le domaine de la conception et de la fabrication de logiciels est beaucoup plus éclaté que celui des composantes informatiques. Au niveau collégial, on retrouve l'incontournable technique en informatique, tandis qu'à l'université, il y a les bacs en informatique, indépendants ou non de ceux en informatique de gestion ou en informatique de génie. De plus, il existe certains programmes plus courts, comme des certificats ou même des microcertificats, ainsi qu'un tout nouveau programme de maîtrise interuniversitaire en génie du logiciel. Là encore, il est possible de poursuivre les études à la maîtrise ou au doctorat pour acquérir une spécialité encore plus poussée (voir encadré page 118).

Ceux qui sont allergiques aux mathématiques devront faire un effort, car il est pratiquement impossible de passer à travers un programme d'études en informatique sans faire appel à une calculatrice.

«La **technique en informatique** forme des programmeurs-analystes et non pas des réparateurs d'ordinateurs, qui viennent de la technique en électronique, précise Antonio Tavares, professeur au département d'informatique du Collège Ahuntsic. Nos finissants sont en concurrence avec les diplômés universitaires en informatique pour la première année de travail seulement. Par la suite, ces derniers comblent des emplois ▶

MICROÉLECTRONIQUE

Les puces au soleil

➤ par Claudine St-Germain

«J'habite tout près de la mer, je fais du *surf*, du jogging sur la plage... C'est vraiment la belle vie!» S'il avoue ne pas avoir sérieusement pensé pendant ses études à aller travailler à l'étranger, Marc-Alain Santerre ne semble pas trop s'en plaindre aujourd'hui. Sept mois après son arrivée à San Diego, il ne regrette pas d'avoir sauté sur l'occasion qui s'est un jour présentée à lui et qui l'a emmené du côté du soleil de la Californie.

Photo : PPM

Il y a quelques années, les choses ne se présentaient pourtant pas très bien pour lui. Il avait terminé un DEC en microélectronique, mais ne parvenait pas à trouver un emploi intéressant. Il a

donc commencé un certificat à l'université, puis s'est inscrit au nouveau bac en microélectronique à l'Université du Québec à Montréal. Après avoir obtenu son diplôme, il a poursuivi sur la même

---

➤ d'analystes et non de programmeurs, ce qui est impossible pour les cégépiens.»

Les cégeps offrant la technique en informatique sont aussi en compétition avec les écoles privées qui donnent des formations de programmeur-analyste. Ces écoles offrent les cours de concentration informatique du cégep, mais pas les autres cours obligatoires ou optionnels, comme le français, la philosophie ou les

mathématiques. Les diplômés en sortent donc avec une attestation d'études collégiales et non un diplôme d'études collégiales complet. Selon M. Tavares, les cours d'informatique de ces écoles sont moins poussés que ceux du cégep, car ils visent avant tout à former des opérateurs d'ordinateurs.

Même si leur formation est concentrée sur la programmation, plusieurs lancée en effectuant une maîtrise en électronique industrielle à l'Université du Québec à Trois-Rivières.

Cette formation poussée lui a permis de décrocher un emploi chez ABL Canada, une entreprise montréalaise spécialisée dans les composantes de l'image et de la vidéo. «Ils ont été mis au courant de ce que j'avais fait pendant ma maîtrise et m'ont offert un emploi. À l'époque, il n'y avait pas beaucoup de personnes qualifiées en logiciel de développement de haut niveau et ayant un *background* en microélectronique, comme moi. »

Mais après avoir travaillé pendant quatre ans chez ABL Canada, Marc-Alain a eu envie de voir du nouveau. Il a donc envoyé son curriculum vitae chez Next Level Systems, une entreprise californienne. «C'était la suite logique pour une carrière en composantes vidéo, explique-t-il. La Californie, c'est un peu La Mecque du développement électronique. Et je savais que Next Level Systems était l'une des plus grosses entreprises en développement de télévision haute définition et de télévision par satellite.»

Le voilà donc, du jour au lendemain, concepteur de circuits intégrés pour une entreprise dont le chiffre d'affaires annuel tourne autour de deux milliards de dollars US. Il affirme que son travail est similaire à celui qu'il effectuait à Montréal, mais en version géante. «Tout est plus gros, l'entreprise, les ressources, le volume de production... Par exemple, si à Montréal on produisait 2 000 exemplaires d'un produit, ici, c'est 600 000.» L'adaptation a-t-elle été difficile? «Non, pas du tout. Je croyais devoir m'intégrer avec des gens ayant plusieurs années d'avance sur nous, au Québec, mais au contraire, j'ai même appris certaines choses à des collègues! Montréal n'a rien à envier à la Californie, même si on n'y bénéficie pas des mêmes investissements.»

Ce que Marc-Alain apprécie le plus de son travail, ce sont les défis qui lui sont offerts. «J'aime beaucoup développer des circuits hautement spécialisés, ne pas avoir droit à l'erreur. J'aime aussi partir de zéro, fabriquer nos propres composantes et faire de nouveaux développements, ce qui nous donne un certain libre choix dans notre travail.»

À 33 ans, Marc-Alain ne sait pas encore quand il reviendra vivre au Québec. Peut-être même restera-t-il en Californie. «Le milieu ici est en pleine effervescence et les chasseurs de têtes sont à l'oeuvre. J'ai déjà reçu des appels d'autres entreprises!»

technologues iront travailler dans des entreprises où ils seront souvent LA référence quand les systèmes informatiques ne tourneront pas rond, ce qui les oblige à développer des aptitudes pour le soutien technique, en plus de leurs habiletés de programmation.

Le méli-mélo des bacs en informatique

À l'université, la diversité des profils de formation pour les programmeurs-analystes est tout simplement étourdissante. Même si la structure des programmes varie énormément d'un établissement à l'autre, la plupart centrent leurs cours autour de leur département d'informatique, subdivisé bien souvent en trois : **informatique pure** (souvent appelée **informatique-mathématique**), **informatique de génie** et **informatique de gestion**.

▶

▶ Comme l'informatique a pris naissance dans les départements de mathématiques au cours des années 1970, certaines universités utilisent encore la formule «mathématique-informatique» pour décrire leur programme principal. Selon les affinités des responsables des programmes, la formule sera quelquefois inversée en «informatique-mathématique», pour refléter une plus grande concentration de cours d'informatique.

D'une façon ou d'une autre, ceux qui sont allergiques aux mathématiques

Les études avancées

La quasi-totalité des champs d'études en informatique ont un pendant au niveau de la maîtrise ou du doctorat. Toutefois, en raison du marché du travail très ouvert, peu d'étudiants ont la patience de rester sur les bancs d'école après leur bac.

«Alors que le bac offre une formation plus générale, la maîtrise permet une spécialisation plus technique. Concrètement, les étudiants pourront travailler en recherche et développement, comme chez Nortel. Ceux du bac auront une progression par étapes dans l'entreprise, tandis que ceux de la maîtrise pourront commencer plus haut», explique le directeur du programme de génie informatique de l'Université de Sherbrooke, Daniel Dalle.

Quant au doctorat, il est indispensable à ceux qui désirent faire carrière comme professeurs à l'université. Parmi les principaux champs d'études aux cycles supérieurs, mentionnons l'intelligence artificielle, le génie logiciel, les techniques de cryptographie, les télécommunications et l'informatique pure.

«On manque de candidats pour les cycles supérieurs, indique Michel Barbeau, professeur au département de mathématique-informatique de l'Université de Sherbrooke. Il faut vraiment que les étudiants soient motivés à apprendre pour poursuivre leurs études après le bac parce qu'ils perdent des années d'expérience et de salaire.»

Un manque de formation

Même si les entreprises se battent pour repêcher les étudiants après le bac, plusieurs d'entre elles commencent à ressentir les effets négatifs d'une formation moins poussée. Ainsi, dans le domaine du logiciel, il existe un manque flagrant de spécialistes capables de superviser toutes les phases du développement de nouveaux produits. Pour répondre à cette demande, les universités se sont regroupées afin d'offrir une **maîtrise conjointe en logiciel**. Ce programme est tellement pointu qu'aucune université ne dispose de tous les spécialistes pour donner l'ensemble des cours, d'où la nécessité d'un regroupement des ressources.

«Dans les grosses boîtes de l'industrie, les budgets sont souvent défoncés en temps et en argent parce que les gens n'ont pas suffisamment de connaissances. Avec ce programme, on veut former des gens qui vont concevoir les étapes de développement de A à Z et éviter ainsi de tels dépassements», fait valoir le directeur du département d'informatique de l'Université Laval, Nadir Belkhiter.

À l'heure actuelle, le programme est officiellement accrédité à l'École de technologie supérieure, à l'INRS et à l'UQAM. Ailleurs, comme à l'Université Laval, ce programme existe, mais les formalités bureaucratiques menant à son approbation par les autorités gouvernementales ne sont pas complétées.

«Ce programme de maîtrise est vraiment orienté vers l'industrie; c'est pourquoi l'étudiant doit avoir déjà deux ans d'expérience en programmation pour être admis, précise Michel Lavoie, professeur à l'École de technologie supérieure. Il faut que l'étudiant sache comment fonctionne le développement d'un logiciel et qu'il y ait déjà participé pour que ça lui dise quelque chose. Sinon, ça ne sert à rien de faire cette maîtrise.»

devront faire un effort, car il est pratiquement impossible de passer à travers un programme d'études en informatique sans faire appel à une calculatrice. En règle générale, les étudiants qui se dirigent vers les études supérieures vont préférer faire plus de math, car leurs recherches exigeront des notions mathématiques plus poussées, tandis que les autres vont rechercher une concentration de cours en informatique pour être davantage branchés sur le marché du travail.

«Dans notre programme de math-info, les étudiants sont formés pour faire à peu près tout parce qu'il n'y a pas vraiment de spécialisation possible, dit la directrice du département de mathématique-informatique de l'Université du Québec à Rimouski, Renée Sirois-Dumais. Ils étudient davantage le côté logiciel, les algorithmes, voire l'intelligence artificielle et la structure de l'ordinateur, mais ils ne sont pas formés pour faire la conception des machines, qui est du domaine des ingénieurs», poursuit-elle.

«Par rapport à des programmes comme informatique de gestion, info-math est plus scientifique parce que les étudiants peuvent être appelés à travailler dans des milieux plus pointus, comme des labos où il faut appliquer des modèles mathématiques. Mais comme nos finissants sont très demandés à cause du marché du travail en pleine expansion, ils vont faire un peu de tout : programmation, analyse, soutien aux usagers, gestion d'un parc informatique ou consultation.»

Différentes concentrations

Certaines universités ont aussi établi différentes branches dans leur programme général d'informatique. Ainsi, à l'UQAM, on retrouve une concentration en systèmes d'information, une autre en informatique répartie et une dernière en développement de logiciels.

«En systèmes d'information, les étudiants apprennent à concevoir des grosses bases de données, des systèmes bancaires, c'est plus axé sur la gestion. L'informatique répartie s'intéresse aux télécommunications et aux réseaux, alors que le développement de logiciels forme des analystes qui coordonneront une équipe de programmeurs-analystes», précise le directeur du module des certificats en informatique de l'UQAM, Caolieu Nguyen.

Ces voies ont aussi un équivalent au niveau des certificats qui, à la différence des programmes des écoles privées, offrent une formation plus poussée et souvent moins chère, selon M. Nguyen.

«Le niveau est parfois trop élevé pour certains qui préfèrent les écoles privées, mais les possibilités d'emploi sont meilleures avec un certificat, soutient-il. Les écoles privées forment des programmeurs-analystes juniors qui ne pourront jamais coordonner une équipe, alors que les certificats forment des programmeurs-analystes seniors.»

Les spécialisations du bac

De leur côté, les profils en **informatique de génie** et en **informatique de gestion** partagent plusieurs cours de base avec les programmes de math-info, auxquels se greffent des cours de spécialisation. Pour simplifier, on peut dire que la différence entre les deux programmes est la suivante : dans une entreprise donnée, l'informaticien de génie travaillera sur les machines et les procédés de fabrication industrielle, alors que l'informaticien de gestion mettra sur pied des systèmes pour gérer le personnel et l'administration de la compagnie.

▶

Isabelle Philibert

Photo : PPM

Des mathématiques à l'informatique

➤ par Claudine St-Germain

«Quand je suis entrée à l'université, je savais à peine comment ouvrir un ordinateur!» À ce moment, Isabelle Philibert ne se doutait sûrement pas qu'elle ferait un jour de la programmation chez Statistique Canada!

C'est son intérêt pour les mathématiques qui a mené Isabelle à l'informatique. «J'ai fait un bac en mathématiques pures à l'Université du Québec à Trois-Rivières, parce que j'aimais beaucoup cette matière. Je me suis cependant rendu compte qu'avec ça, je ne pouvais me diriger qu'en enseignement. J'ai donc pris tous les cours optionnels en informatique auxquels il était possible

▶ Même si les deux programmes visent à former des spécialistes aux aptitudes très différentes, l'énorme demande du marché du travail brouille les cartes. «On a beaucoup de gens qui sortent d'informatique de génie et qui obtiennent un emploi adressé à ceux d'informatique de gestion. Les compagnies ouvrent maintenant leurs postes aux deux (types de diplômés), et ils prennent les meilleurs», constate le directeur du département d'informatique de l'Université Laval, Nadir Belkhiter.

L'informatique de génie est évidemment très proche du génie informatique, sauf que seule cette dernière discipline confère aux diplômés le droit de porter le titre d'ingénieur.

«Le programme en informatique de génie va plus développer l'aspect logiciel de m'inscrire.» À l'UQTR, ces deux programmes sont très complémentaires. Après son bac en mathématiques, Isabelle n'avait qu'une année supplémentaire à faire pour obtenir un second bac en informatique. «Plus j'avançais, et plus je me rendais compte que j'étais parfaitement capable de me débrouiller avec un ordinateur et que j'aimais beaucoup ça!»

Isabelle savait aussi que l'éventail de carrières en informatique est très large et qu'elle n'aurait pas de difficulté à trouver un boulot : avant même de terminer son second bac, en mai 1997, elle a décroché un emploi chez Statistique Canada, un poste lui offrant un maximum de sécurité et beaucoup d'avantages sociaux. Elle y travaille depuis la fin de ses études et fait partie de la division des opérations du recensement, dans la section de diffusion des résultats. En ce moment, son équipe en est à parfaire le logiciel qui produit les documents du recensement de 1996 et commence déjà à préparer les questionnaires pour celui de 2001.

«En entrant à Statistique Canada, on est considéré comme des recrues pendant deux ans, explique Isabelle. On effectue des rotations pour connaître plusieurs facettes de la boîte. Il faut acquérir trois expériences, par exemple en développement, en réseaux, en bases de données...» Après avoir accumulé environ deux ans d'expérience, réussi un examen et une entrevue, elle pourra monter un échelon et acquérir de nouvelles responsabilités. «Quand on est promu, on est responsable de gros morceaux du logiciel et on supervise une équipe de développement.» En accédant à un poste plus élevé, les employés de Statistique Canada délaissent la programmation pour faire davantage de gestion et d'analyse, ce qu'Isabelle entrevoit avec intérêt. «En ce moment, j'aime beaucoup la programmation, mais je serai heureuse de faire de la gestion plus tard.»

Elle apprécie la sécurité et les possibilités d'avancement que lui offre son emploi. «De plus, il y a toujours des projets différents, même dans le recensement. Par exemple, en ce moment, il est question de changer le langage informatique avec lequel on travaille. Ce n'est pas routinier et ça m'offre une bonne qualité de vie, ce que j'apprécie beaucoup.»

À 25 ans, Isabelle est parfaitement heureuse de la formation qu'elle a reçue et du boulot qui occupe ses journées. Elle ne regrette sûrement pas d'avoir appris à faire démarrer un ordinateur...

pour l'industrie, comme un contrôle pour un système d'ascenseurs, tandis que celui en génie informatique touche davantage à l'aspect *hardware*, comme programmer des cartes à puce à l'intérieur d'un boîtier», explique M. Belkhiter.

«L'informatique de génie forme des informaticiens qui auront à travailler avec des ingénieurs et qui seront donc sensibilisés aux problèmes du génie», ajoute le directeur du département de génie électrique de l'Université du Québec à Trois-Rivières, André Jacob.

L'informatique de gestion

Le domaine de l'**informatique de gestion** est celui dont les frontières sont les plus changeantes. À un endroit donné, le programme sera collé sur le département d'informatique, alors qu'à ▶

LA SCIENCE *en mouvement*

Baccalauréat en informatique cheminements coopératif et régulier
Baccalauréat en génie informatique

À l'Université du Québec à Hull, vous avez le choix ! Poursuivre le baccalauréat en informatique, cheminement régulier ou cheminement coopératif, ou le baccalauréat en génie informatique *. Le cheminement coopératif du baccalauréat en informatique vous permettra de poursuivre trois stages rémunérés d'une durée de quatre mois chacun. Ces stages en entreprise vous permettront de combiner formation et expérience, développant les habiletés professionnelles tant recherchées et ce, dans les domaines tels que :

- **techniques et langages de programmation;**
- **génie logiciel;**
- **architecture des ordinateurs;**
- **systèmes d'exploitation;**
- **réseaux des ordinateurs;**
- **bases des données;**
- **etc.**

L'Université offre également
des certificats en informatique avec spécialisations en bases des données, en programmation orientée objet et en informatique des télécommunications, ainsi qu'un diplôme d'études supérieures spécialisées en informatique des télécommunications.

Université du Québec à Hull

L'Université en Outaouais

* *En instance d'approbation. Programme par extension de l'UQAC.*

RENSEIGNEZ-VOUS !
MODULE DE L'INFORMATIQUE
(819) 773-1620
OU SANS FRAIS LE 1-800-567-1283, POSTE 1620
Courrier électronique : registraire@uqah.uquebec.ca
Site internet : http://www.uqah.uquebec.ca

▶ un autre, il sera sous la responsabilité du département d'administration, ce qui aura pour effet de diminuer le nombre de cours d'informatique au profit de ceux de management, de marketing et de comptabilité. À la différence des programmes d'informatique de génie où les cours collégiaux de physique et de biologie sont fortement recommandés comme préalables, l'informatique de gestion demande certaines connaissances de base en administration.

«La concentration en informatique de gestion vise à former des intermédiaires entre les informaticiens et les utilisateurs, fait valoir le responsable du programme à l'École des hautes études commerciales, Paul Mireault. Comme leur formation leur permet d'avoir une vue d'ensemble sur l'entreprise, ils peuvent déterminer plus adéquatement et plus précisément les besoins de celle-ci, souligne-t-il. De plus, ils ont suffisamment de connaissances pour parler avec les informaticiens. Ce ne sont pas réellement des consultants, mais plutôt des analystes.»

Pour ce qui est des emplois, l'informaticien de gestion pourra s'occuper des projets d'un département d'informatique ou de l'analyse et de la conception de logiciels pour les utilisateurs d'une entreprise. Ce programme ouvre aussi la voie à des débouchés originaux, ▶

L'impossible mise à jour

Contrairement à des disciplines comme l'histoire ou le droit, l'informatique évolue à une vitesse folle, ce qui oblige les responsables des programmes à faire des pieds et des mains pour ne pas se laisser distancer par les progrès technologiques.

En règle générale, les programmes d'études se doivent d'être révisés au minimum aux cinq ans, mais la plupart des établissements corrigent leur tir chaque année.

«Il est impossible d'apprendre tous les logiciels aux étudiants, car ça change trop vite. Il faut s'en tenir aux principes de base, souligne la directrice du département de mathématique-informatique de l'Université du Québec à Rimouski, Renée Sirois-Dumais. Les employeurs se plaignent que les étudiants ne sont pas prêts à commencer immédiatement à travailler après leur bac et qu'ils doivent compléter leur formation pour pouvoir travailler chez eux, ajoute-t-elle. Le problème, c'est que leurs exigences sont trop pointues, il y a trop de différences entre les compagnies pour préparer les étudiants à toutes les éventualités.»

L'autre problème, ce sont les ordinateurs eux-mêmes qui ont une durée de vie beaucoup trop courte pour les budgets des cégeps et des universités. «La mise à jour du matériel est assez difficile à accomplir, concède Antonio Tavares, professeur au département d'informatique du Collège Ahuntsic. Le parc informatique est renouvelé aux quatre ou cinq ans. Pour ce qui est des logiciels, c'est plus facile et ça se fait aux deux ans.»

En popularité grandissante, les programmes d'études offrant des stages, comme le régime coopératif de l'Université de Sherbrooke, constituent une voie privilégiée pour mettre les étudiants au parfum de l'évolution de l'industrie.

«Pour les étudiants, les stages sont une excellente manière de passer de la théorie à la pratique et de mettre leurs connaissances au niveau du marché du travail», souligne le directeur du module des certificats en informatique de l'UQAM, Caolieu Nguyen.

Grâce aux stages, les étudiants sont aussi plus à même de juger de la pertinence des cours qu'ils reçoivent, et ils ne se gênent pas pour se plaindre quand ils estiment que l'université est débranchée. «Les stages ont une influence sur l'enseignement des professeurs, car les étudiants sont plus critiques face à ce qu'on leur enseigne quand ils reviennent de stage», constate Gregg Beaudoin, professeur à l'Université de Sherbrooke.

L'informatique, version humaine

➤ par Claudine St-Germain

Photo : PPM

«Je me trouve très chanceuse d'avoir obtenu un emploi près de chez moi, dans une organisation comme celle-là en plus. Je dis souvent que c'est comme si j'avais gagné à la loterie!»

Karine Fortin aime autant le Saguenay, sa région natale, que son emploi chez Alcan. Bachelière en informatique de gestion à l'Université du Québec à Chicoutimi, elle a eu ce poste quelques jours après la fin de ses études, en avril 1997.

Si Karine est si heureuse de son boulot, c'est parce qu'elle a su se diriger dans la branche informatique qui lui convenait le mieux. «Avant l'université, j'ai fait un DEC en informatique, suivi d'un stage à Montréal. Mais au cégep, on apprend surtout la programmation. Il n'y a pas

➤ comme l'ergothérapie, qui vise à concevoir des outils de travail informatiques le mieux adaptés possible aux «propriétés biologiques» des utilisateurs. Le design de claviers, d'écrans et de postes de travail confortables font partie de ce domaine d'expertise d'une importance souvent sous-évaluée.

Pour compliquer les choses, il existe également, en plus des programmes d'informatique de gestion, des programmes de **gestion des systèmes d'information**. Il s'agit là toutefois d'une distinction plutôt futile, car en réalité, les deux se ressemblent beaucoup.

«L'informatique de gestion tente de bâtir des systèmes informatiques plutôt que de régler les problèmes existant dans les applications clé en main, comme le logiciel de comptabilité Fortune 1000 qui doit être personnalisé pour chaque compagnie afin d'en tirer un maximum d'efficacité, nuance le responsable du programme de gestion des systèmes d'information à l'Université de Sherbrooke, Gregg Beaudoin. En gestion des systèmes d'information, les étudiants apprennent à créer des bonnes structures pour les données qui sont répandues dans une entreprise, et ce, afin que leur utilisation soit maximale, efficace et surtout aisée. Ce ne sont pas vraiment de contacts avec les gens, d'analyse de problèmes. Ce n'était pas ce que j'attendais de l'informatique.»

À l'automne suivant, elle choisit donc le programme universitaire d'informatique de gestion, qu'elle trouve intéressant parce qu'il allie l'administration à l'informatique. «En effectuant de l'analyse de gestion, on est souvent en contact avec les usagers, parce qu'il faut essayer de poser les bonnes questions pour découvrir les vrais problèmes.»

À Port-Alfred, au Saguenay, Alcan possède des installations portuaires et un service ferroviaire qui lui permettent d'effectuer le transport de la bauxite et de l'aluminium. Au service informatique de cette usine, Karine est analyste de gestion pour les installations portuaires, un poste qui lui permet d'être en relation avec le personnel et d'effectuer des tâches très variées. «Je m'occupe du réseau et du soutien aux usagers, je gère des projets, je fais de la programmation à l'occasion» et elle planifie également le travail de certains employés à forfait.

C'est cet aspect humain de l'informatique qu'elle recherchait au cours de ses études et qu'elle a trouvé dans son emploi. «De plus, dans le service, il y a beaucoup de confiance, on nous délègue plusieurs tâches, ce qui nous permet d'avoir des responsabilités et d'apprendre.»

Pendant son bac, Karine s'est familiarisée avec la base de la programmation informatique et les grands principes de gestion. Elle est heureuse de la formation qu'elle a reçue, mais se rend compte qu'il y a toujours du nouveau à apprendre dans le vaste domaine de l'informatique. C'est pourquoi elle songe à retourner à l'université, à temps partiel, pour compléter une maîtrise en gestion de projets. «Je ne pensais pas en faire si tôt dans ma carrière, et je trouve que c'est un aspect qui me manque un peu.»

Ce perfectionnement sera sûrement utile à Karine, surtout au sein d'une entreprise qui, par son importance, permet à ceux qui travaillent fort de se bâtir une carrière très intéressante. «J'adore ce que je fais. Je ne pouvais espérer mieux en terminant mes études!»

des programmeurs performants, car ils n'ont qu'un cours de programmation, mais ils peuvent gérer les développements des systèmes», conclut-il.

Et quand ça brise...

En théorie, le rôle de réparateur incombe aux **technologues en électronique**. En réalité toutefois, plusieurs types de diplômés peuvent s'occuper du dépannage et du soutien technique. La particularité des technologues, ce sont leurs habiletés concentrées vers la quincaillerie. Quand un logiciel ou un système informatique ne répond plus, les divers consultants en informatique seront généralement plus aptes à réparer les

dégâts en raison de leur connaissance des logiciels, qui est moins poussée chez les technologues en informatique. Mais quand les circuits électroniques sont en cause, seuls les technologues peuvent faire face à la musique.

De par la multitude de problèmes qu'il peut avoir à résoudre, le technologue en informatique a l'esprit très ouvert. En plus de réparer, il se doit d'être en mesure d'installer et d'entretenir différents types de matériel informatique. Sa formation lui permet également d'oeuvrer dans le domaine des réseaux entre ordinateurs, qui reposent en bonne partie sur des notions d'électronique. ∎

Groupe conseil DMR

est un des principaux fournisseurs
internationaux de services aux entreprises
et aux administrations publiques
en matière de technologies de l'information (TI)
comptant plus de 7 000 spécialistes au Canada,
aux États-Unis, en Asie-Pacifique et en Europe.
DMR est devenue une société Amdahl
en novembre 1995.

Fondée à Montréal en 1973,
DMR a la réputation de fournir des solutions
commerciales et technologiques intégrées
permettant à ses clients d'améliorer
leur compétitivité, d'accroître leur part de marché
ainsi que leur productivité.
Jusqu'à ce jour, la Société a prêté appui
à des milliers d'entreprises et administrations
publiques dans le monde.

En 1996, TRECOM Business Systems,
qui avait également été acquis par Amdahl,
a fusionné avec la division américaine
du Groupe conseil DMR.
En 1997, la société Amdahl est devenue une filiale
en propriété exclusive de Fujitsu, deuxième plus
important fournisseur de gros ordinateurs du monde.

DMR intervient à plusieurs niveaux chez le client
en offrant divers services qui sont adaptés
au but à atteindre. L'objectif est toujours le même :
contribuer à la réussite du client.
Tous les services de DMR se fondent
sur des méthodes évoluées.

DMR est chef de file dans le secteur des TI.
Cette position repose sur ses valeurs durables,
sa réputation d'offrir des services professionnels
et ses réussites passées.

DMR a prouvé qu'elle possède les ressources
et les compétences nécessaires
pour relever les défis des grands projets
au Canada et à l'étranger.

Les professionnels de DMR
sont en mesure d'intervenir à plusieurs
échelons de l'organisation. Nos spécialistes des TI
jouent un important rôle conseil
et deviennent de véritables partenaires
pour le client, l'avisant des stratégies applicables
aux technologies de l'information
et le guidant dans la réalisation de ses bénéfices.

Une société Amdahl

Des gens de résultats

quelques métiers

de l'informatique et des technologies de l'information

➤ Recherche : Claudie Vanasse

Administrateur de bases de données :

Cet administrateur doit rendre accessibles d'énormes quantités de données, et ce, de différentes manières (graphiques, tableaux, textes, listes, etc.). D'abord, il crée la structure de base du programme en fonction des types d'informations à emmagasiner et de leurs usages. Comme l'analyste, il conçoit les fonctions et spécifications de la base de données à développer (ou à personnaliser, lorsqu'on part d'un modèle déjà existant).

Il doit aussi veiller à créer des systèmes de protection des données et prévoir les mises à jour. Il s'occupera ensuite du transfert des données et du soutien aux usagers, ainsi que des modifications à apporter au système pour le rendre plus performant.

Administrateur de réseaux :

L'administrateur de réseaux gère les opérations relatives à l'installation d'un réseau dans une entreprise (installation du matériel, des logiciels, modifications au parc informatique). Il voit à conserver des copies de sûreté à jour des systèmes en réseau et met en place des procédures de recouvrement des fichiers en cas de panne ou de bris du réseau.

Il s'occupe d'améliorer la vitesse du réseau si nécessaire, de régler les problèmes d'engorgement du système ou tout autre problème pouvant survenir lors des opérations courantes. Il doit également mettre en place un système de sécurité adéquat pour protéger les données partagées.

Analyste de systèmes :

L'analyste de systèmes doit choisir, concevoir ou modifier les systèmes d'exploitation qui seront utilisés par une entreprise qui souhaite obtenir de meilleurs rendements. Il devra d'abord étudier les conséquences de ce changement pour l'entreprise, notamment en ce qui a trait aux modifications dans le parc informatique qui devront être faites pour l'utilisation du nouveau système.

Il peut aussi travailler à la préparation et au respect du budget que nécessitera une telle opération. Dirigeant une équipe de programmeurs, il planifie les différentes étapes du développement de ce système selon un échéancier précis ainsi que son implantation dans l'entreprise. Au cours des phases de développement et d'implantation, il apporte les corrections adéquates après avoir évalué le rendement du système, puis voit à son maintien. Il demeure par la suite une personne-ressource auprès des utilisateurs.

Consultant :

Cette personne conseille les chefs d'entreprise désireux d'améliorer leur système ou leur matériel informatique. Il s'entretient avec tous les membres du personnel qui seront touchés par les modifications avant de soumettre des recommandations à son client. Il peut aider au choix du nouveau matériel à acquérir, à la gestion et à l'organisation du parc informatique, au système de sécurité des données.

Il fait faire les soumissions pour les divers produits et services nécessaires. Lorsque les décisions sont arrêtées, il coordonne l'installation. Les entreprises qui font appel à des consultants (de manière ponctuelle) ne possèdent généralement pas de service d'informatique.

Développeur multimédia :

Ayant une formation de programmeur, le développeur multimédia doit, en plus de la programmation proprement dite, s'occuper de joindre les sons, images, graphiques en trois dimensions, séquences vidéo et textes qui formeront les cédéroms multimédias (par exemple, les encyclopédies sur cédérom ou les logiciels de formation interactive). Il peut aussi développer les applications nécessaires aux entreprises utilisant des systèmes à écrans tactiles. Il doit coordonner une équipe de spécialistes, dont les infographistes, les scénaristes, les dessinateurs, etc. ▶

► Directeur de la production :

Le directeur de la production coordonne le développement, l'installation et l'adaptation des programmes d'application nécessaires au fonctionnement d'une entreprise. Il gère les activités des programmeurs qu'il dirige et il les soutient techniquement durant leur travail. Les normes et les procédures inhérentes aux applications développées sont également définies par le directeur de la production en fonction des besoins précis du client.

Il doit toujours se tenir au courant des nouveautés sur le marché du logiciel afin d'adapter de futures applications aux nouvelles technologies. Jusqu'à un certain point, ses fonctions ressemblent à celles de l'analyste, mais elles s'appliquent à l'ensemble des projets d'une firme plutôt qu'à un seul projet.

Directeur de la recherche et du développement :

La personne qui occupe ce poste, généralement un ingénieur qualifié, planifie et dirige les activités de conception et de développement de produits et services. D'une part, elle supervise l'équipe travaillant au développement du projet en cours et, d'autre part, elle reste en constante liaison avec les autres services afin de développer de nouvelles technologies ou de faire avancer les technologies existantes au sein de l'entreprise. Des études de plus haut niveau sont généralement exigées par les employeurs, car il s'agit d'un secteur à la fine pointe de la technologie et qui recherche constamment l'innovation.

Directeur des ventes :

Dans les entreprises distribuant du matériel informatique, le directeur des ventes élabore les stratégies de vente à court et à long terme en tenant compte de la vitesse d'évolution du marché et de la concurrence.

Il doit donc déterminer les promotions qu'emploie l'entreprise et fixer les prix des différents articles afin d'atteindre le volume de ventes fixé au départ. Aussi, il travaille fréquemment en étroite collaboration avec le directeur du marketing, lequel promeut les divers produits offerts par la compagnie.

Formateur :

La personne responsable de la formation s'occupe de dispenser les cours aux utilisateurs de logiciels d'une compagnie. Il doit évaluer les besoins en matière de formation afin de transmettre les acquis adéquats, puis s'assure du bon transfert des connaissances. Il développe et tient à jour le contenu des cours qu'il dispense et s'assure de la conception, de la justesse et de l'accessibilité du matériel didactique. Il évalue aussi d'autres types de formations offerts par des compagnies externes pour en faire profiter le personnel. Ainsi, il s'assure que les employés soient le plus à jour possible en ce qui a trait aux nouvelles technologies dont ils pourraient avoir besoin dans le cadre de leur emploi.

Infographiste (designer graphique) :

Ce métier, qui unit le talent artistique à l'utilisation de logiciels et de matériel informatique spécialisés, consiste à concevoir et à réaliser divers concepts visuels. Publicités, posters, pages Web, emballage de produits ou tout autre objet attrayant visuellement pourront faire partie des projets de l'infographiste.

Bien que la créativité soit de mise pour ce genre de tâches, le designer demeure tout de même limité par les besoins du client et il devra soumettre plusieurs concepts pour un même projet avant de se lancer dans la réalisation. Grâce au matériel informatique, il crée les effets visuels (ombrage, textures, coloration, types d'écriture, etc.), la mise en pages et l'impression du produit final.

Ingénieur électrique :

Au sein d'une entreprise d'informatique, l'ingénieur électrique est chargé de concevoir du matériel utilisant des circuits électroniques ou électriques, telles les puces de mémoire, les cartes réseaux ou les cartes graphiques. Pour ce faire, il utilise un ensemble de logiciels afin de procéder à des simulations par ordinateur avant de construire le prototype lui-même.

Finalement, il teste son produit et le réajuste jusqu'à l'obtention d'un circuit qui répond ou dépasse les objectifs de départ. L'ingénieur coordonne l'équipe de techniciens chargée de la réalisation du matériel, donc des différents circuits. Il pourra également avoir à développer des applications logicielles répondant à des problèmes spécifiques dans le domaine de l'électricité ou de l'électronique.

Ingénieur en génie logiciel :

Seules les entreprises utilisant des techniques très sophistiquées emploient des ingénieurs de ce type, qui adaptent les outils du génie logiciel aux différentes étapes du développement d'un logiciel, de la conception au codage de l'information. Ces outils permettent en effet d'automatiser de grandes parties de la programmation afin d'en accélérer le processus.

Aussi, l'ingénieur peut agir comme chef d'un projet de développement, s'assurant du bon usage des divers outils mis à la disposition des ▶

▶ programmeurs au cours des phases du projet. Il peut avoir à jouer le rôle de l'analyste et concevoir le logiciel à développer.

Ingénieur en informatique industrielle :

Ce type d'ingénieur prend en charge l'informatisation d'une industrie, l'automatisation des chaînes de montage par des commandes numériques ou par des robots. Ainsi, la gestion de la production d'une industrie peut être complètement menée par ordinateur, augmentant du même coup le rendement de l'entreprise. Étant donné les pertes liées au bris d'une chaîne de montage, l'ingénieur doit être excessivement rigoureux afin de ne rien laisser au hasard.

Ingénieur en télécommunications :

En plus d'agir comme administrateur de réseaux, l'ingénieur en télécommunications se penche sur les problèmes liés au codage de l'information à transmettre afin d'éviter les pertes tout en conservant la qualité des données à une vitesse maximale (par exemple dans le cas des ondes numériques captées du satellite pour la télévision).

Programmeur :

Le programmeur écrit et met au point des programmes informatiques par le biais de langages de programmation et selon la conception prévue par l'analyste, à la suite de l'étude des exigences du client et des problèmes existants. Le programmeur pourra également aider l'analyste à déterminer les échéanciers du projet de développement.

Il élaborera les différentes spécifications du programme, recherchera et corrigera les erreurs tout au long du processus de développement et contrôlera le rendement du logiciel. Il devra donc mettre au point les tests qui permettront d'évaluer et de maintenir le programme. Il fournira ensuite du soutien technique aux usagers.

Rédacteur technique :

Le rédacteur compose la documentation relative aux divers projets informatiques menés par une entreprise ou remet à jour la documentation déjà existante. Il peut avoir à écrire des documents de base utiles aux usagers d'un système spécifique à l'entreprise.

Représentant des ventes :

Le titulaire de ce poste est chargé de la vente des produits et services offerts par la compagnie, soit aux entreprises ou aux individus. Il devra parfois représenter son entreprise dans des salons d'exposition spécialisés en informatique.

Le représentant se doit de connaître parfaitement les produits qu'il distribue et de se tenir à l'affût des nouveaux produits et technologies offerts sur le marché. Il établit les prix et les conditions de crédit et rédige les contrats de vente. Il fait un suivi des ventes qu'il a faites afin de prévenir les besoins des clients.

Technicien en conception électronique ou en systèmes ordinés :

La conception en électronique ou en systèmes ordinés se penche sur les circuits électriques, analogiques ou numériques. Le technicien assiste l'ingénieur électrique dans la réalisation de matériel utilisant ces circuits (cartes réseaux, cartes vidéo, puces de mémoire mais aussi un grand nombre d'appareils utilisés en industrie pour l'automatisation des chaînes de montage). Il participe à la création et à l'évaluation des prototypes et à leur réajustement. Il peut également concevoir les logiciels qui permettront l'utilisation du matériel créé.

Technicien en électronique :

Le technicien installe et répare le matériel informatique, connectant les ordinateurs aux différents périphériques (imprimantes, numérisateurs [scanners], disques rigides externes, etc.) ou entre eux par le biais d'un réseau. Il devra donc prendre connaissance des manuels d'instruction des appareils qu'il installe ou répare et devra les interpréter.

Il sera appelé à remplacer certaines pièces de l'équipement informatique pour le remettre à niveau, choisissant les pièces compatibles avec le matériel en place. Il peut aussi avoir à installer les logiciels dans les ordinateurs. Suivant l'installation ou la réparation, il exécute des tests sur le matériel afin de s'assurer que tout fonctionne correctement ■

Principales sources : Centre de promotion du logiciel québécois; Les Métiers de l'informatique, par Laurent Loiseau, L'étudiant, 191 pages, Hatier, 1993; Sites Web de l'Université de Sherbrooke, http://www.gel.-usherb.ca, et de l'Université du Québec à Trois-Rivières, http://www. uqtr.uquebec.ca.

Lectures branchées

➤ Recherche : Sophie Beaudoin

■ *Atout Micro*
Type : Mensuel (québécois)
Éditeur : PICSHA (http://www.atoutmicro.ca)

En bref : *Atout Micro* est un magazine de vulgarisation destiné à tous les utilisateurs d'ordinateurs qui veulent en savoir plus sur leur appareil, sur la micro-informatique, sur les logiciels, les cédéroms et le multimédia, sur la plupart des nouveautés ou des produits disponibles en français ou en anglais au Canada qui présentent un intérêt certain pour une majorité de lecteurs.

■ *Guide Internet*
Type : Mensuel (québécois)
Responsable : Michel Trudeau, éditeur
Éditeur : Trustar (http://www.guide-internet.com)

En bref : Publiée depuis l'automne 1996, cette revue se présente comme «le magazine des sites à découvrir» et s'adresse au grand public. Au sommaire : 100 nouveaux sites en français et 50 en anglais, largement commentés; miniguide de 200 autres sites (en français comme en anglais) avec des commentaires plus brefs; les sites préférés de personnalités québécoises; les meilleurs CD, les jeux; des articles de fond, des trucs et astuces, etc.

■ *Info Presse Communications*
Type : Mensuel (québécois)
Éditeur : Les Éditions Info Presse (http://www.infopresse.com)

En bref : Le mensuel du marketing, de la publicité et des médias québécois. Le pouls en chiffres et en graphiques du marché québécois.

■ *Info-Tech*
Type : Mensuel (québécois)
Éditeur : Éditions Info-Tech,
filiale des Publications Transcontinental (http://transc.com/infotech/home.htm)

En bref : Les dernières nouvelles internationales et québécoises en matière d'infor-matique et de technologie : analyse des grandes tendances et des enjeux dans le domaine; dernières statistiques, dossiers thématiques, banc d'essai de logiciels et de matériel informatique, guide d'achat, ainsi que diverses chroniques concernant Internet, le multimédia, les télécommunications, l'autoroute de l'information, etc. *Info-Tech* a publié, en juin, son *Guide annuel des technologies de l'information au Québec*, au coût de 9,95 $, qui regroupe les coordonnées de quelque 1 200 entreprises québécoises oeuvrant dans le domaine de l'information et des technologies de communication.

■ Le Lien Multimédia

Type : Bimensuel (québécois), envoyé par télécopieur aux abonnés
Éditeur : Multimédialog. Inc. (mmlog@lanter.net)

En bref : *Le Lien Multimédia* se définit comme «le seul bulletin d'information qui fait le lien entre les gens et les organisations qui façonnent l'industrie du multimédia et des inforoutes au Québec».

■ Magazine BRANCHEZ-VOUS!

Type : Mensuel (québécois)
Éditeur : Invention Média (http://magazine.branchez-vous.com)

En bref : Lancé le 17 mai 1996, ce magazine se définit comme «le magazine de la génération Internet». Entrevues, chroniques, nouveautés sont au menu. Il est édité par la même firme (Invention Média) et par la même équipe que le site BRANCHEZ-VOUS! sur le Web (voir page 139).

■ Québec Science

Type : Mensuel (québécois)
Éditeur : La Revue Québec Science (http://www.QuebecScience.qc.ca)

Chroniques : «Internet» par Jean-Pierre Cloutier; «Multimédia Internet» par Jean-Hugues Roy; «Multimédia Cd-Rom» par Hélène Boyer et Michel Marsolais.

■ Qui fait quoi

Type : Mensuel (québécois)
Éditeur : Revue Qui fait Quoi inc. (http://www.qfq.com)

En bref : Comme son nom l'indique, c'est le mensuel des professionnels de la culture et des communications du Québec. Utile pour connaître les principaux agents de cette industrie, leurs actions, les nouveautés, etc. Une sorte de radiographie du marché, truffée de données et de nouvelles brèves.

■ Science et vie micrordinateur

Type : Mensuel (européen)
Éditeur : Excelsior Informatique

En bref : Ce mensuel français s'intéresse à toutes les plates-formes informatiques, d'Europe ou d'ailleurs. Il s'agit surtout d'un guide de nouveautés et de produits. Évidemment, les prix sont en francs.

■ Shift

Type : Mensuel (torontois)
Éditeur : Behaviour Publishing inc. (http://www.shift.com)

En bref : Ce magazine est tout à fait rafraîchissant par son éclectisme et son côté «alternatif». Représentatif de la culture multimédia par son «contenant», son contenu est quant à lui plus large et s'intéresse à tous les phénomènes — au Canada ou ailleurs — d'intérêt culturel et social caractéristiques de cette fin de millénaire, au moyen d'une approche fouillée et critique. Qu'il s'agisse de décortiquer l'industrie liée à la poupée Barbie, d'effectuer un bilan de l'évolution du marché du travail dans une page d'anecdotes et de chiffres troublants d'éloquence, ou de s'interroger sur l'avenir de la lecture à l'ère du multimédia, *Shift* semble vouloir faire les choses autrement.

▶ ■ Techno
Type : Mensuel gratuit (québécois), disponible dans la région du Montréal métropolitain
Éditeur : Publications Transcontinental (http://www.transc.com/techno/home.htm)

En bref : Des chroniques, telles que «Actualités», «Dossier Internet», «La grande toile», etc. Accessible, dynamique et... gratuit!

■ Voir
Type : hebdomadaire gratuit (québécois), disponible dans la région du Montréal métropolitain
Éditeur : Communications Voir inc.

En bref : Chaque semaine, la section Technologies fait part de nouveautés concernant Internet, le multimédia ou l'informatique. De plus, cet hebdomadaire culturel a mis au point un site Internet des plus intéressants, où l'on peut notamment écouter des entrevues, admirer des photo-reportages, etc. Faites le détour! (http://www.voir.ca)

■ Wired
Type : Mensuel (américain)
Éditeur : Wired International Group

En bref : Toutes les dernières tendances en matière de technologies de communication. Revue très «branchée», dont la mise en pages se veut un reflet de la société multimédia, et souvent considérée comme l'une, sinon LA référence, dans le domaine. L'approche est à la fois culturelle et pratique, où articles de fond, portraits et entrevues dominent le contenu, qui se veut avant-gardiste. On peut reprocher à *Wired* de manquer parfois d'accessibilité à cause de sa présentation presque trop «éclatée», un point sur lequel on semble cependant avoir apporté des améliorations.

JOURNAUX QUOTIDIENS

■ La Presse

Chroniques : Un thème différent est abordé chaque jour dans la section Cyberpresse, complété par des articles provenant de journalistes de *La Presse* ou d'agences de presse.
Responsable de la section : Marc Doré, adjoint au directeur de l'information; journaliste : Marie-Andrée Amiot (mailto:technologie@lapresse.com).
Parution : Du lundi au vendredi   Section : Cyberpresse

■ Le Devoir
LE DEVOIR
Chroniques : «Sur l'inforoute» par Benoît Munger; «La vitrine du CD-ROM» par Michel Bélair; «Informatique» par André Salwyn. Adresses électroniques : devoir@cam.org, chevreu@cam.org (Benoît Munger); mbelair@cam.org (Michel Bélair) et salwyn@montrealnet.com (André Salwyn). Site Internet : http://www.vir.com/~wily/inforoute/planete.htm (la page Planète est diffusée sur le site le lendemain de sa parution).
Parution : Le lundi   Section : Planète

■ Le Journal de Montréal
Chroniques : «En ligne sur Internet» par Pierre Boisvert; «CD-ROM Express» par Hélène Boyer; «Informatique» par Richard Johnson et «Ordinateurs personnels» par Nelson Dumais.
Pour en savoir plus : http://www.i-cor.com
Parution : Le mardi   Section : Informatique

■ Le Soleil de Québec

LE SOLEIL

Chroniques : «Sur les routes de l'Internet» par Yves Bernier; «CD-Rom en stock» par
Yves Therrien; «L'univers de l'électronique» par Michel Truchon. Adresses électroniques :
Le_Soleil@infopuq.uquebec.ca (Yves Bernier); theryv@zone.ca (Yves Therrien);
mtruchon@sit.qc.ca (Michel Truchon).
Parution : Le dimanche   Section : Techno/Média

■ The Gazette

The Gazette

Chroniques : «Computers» par Matthew Friedman (le mercredi) et «Internet» par
Cairn McGregor (le samedi). Site Internet : http://www.gazette.qc.ca/
Parution : Le mercredi et le samedi

ESSAIS ET OUVRAGES DIVERS

■ Ces fascinantes autoroutes
Auteur : Michel Venne
Éditeur : Institut québécois de la recherche sur la culture, Coll. Diagnostic, Montréal

En bref : Les inforoutes, qu'on appelle aussi autoroutes de l'information, ne sont pas le fruit d'une
création spontanée mais d'un calcul et de volontés politiques et économiques dirigées par quelques puissants,
aux fins d'élargir et de contrôler le marché mondial de l'information et du divertissement. Devant elles,
explique-t-on, il faut rester lucides, chercher à maîtriser ou à participer à leur développement. Car leur
déploiement inévitable a des conséquences sur les relations entre les personnes, la répartition du pouvoir, la
diversité culturelle, l'accès au savoir et la démocratie.

■ Cyberespace et communautique
Auteur : Pierre-Léonard Harvey
Éditeur : Presses de l'Université Laval, Québec
Cyberespace et communautique : appropriation, réseau, groupes virtuels
Auteur : Pierre-Léonard Harvey
Éditeur : Presses de l'Université Laval, Québec, 4e trimestre 1995

En bref : «[...] S'adresse à tous ceux qui sont préoccupés par l'édification d'une société de communication
dont l'humain est le centre. L'auteur, d'ailleurs, nous porte à réfléchir en nous offrant une analyse des
réseaux dans leur environnement social et de l'appropriation des objets techniques de communication.»
(André Salwyn, *Le Devoir*)
L'auteur est membre du Comité d'action pour le français dans l'informatique (CAFI).

■ L'Autoroute de l'information : Vers le village global
Auteur : Mario Masson, en collaboration avec l'émission «Découverte», de Radio-Canada
Éditeur : Éditions Pierre Tisseyre, Montréal

En bref : Revue de tous les éléments qui ont donné naissance à l'autoroute électronique, inventaire des
besoins de l'utilisateur, aperçu des technologies du futur et du «village global». L'ouvrage est écrit en langage
clair et accessible à tous : pour novices ou internautes chevronnés. Plus de 150 photos couleur.

■ La Route du futur
Auteurs : Bill Gates, Nathan Myhrvold
et Peter Rinearson (traduction)
Éditeur : Robert Laffont, Paris, 3e trimestre 1995

En bref : Pour en savoir plus sur l'histoire d'Internet, de la micro-informatique et leur développement
futur, par l'un de ceux qui a le plus contribué à faire exploser la révolution informatique, Bill Gates lui-même,
le visionnaire derrière l'empire Microsoft.

■ Le Multimédia
Auteur : Jean-Michel Cedro
Éditeur : Éditions Milan, Coll. Les Essentiels Milan, Toulouse

En bref : Cet ouvrage permet de comprendre les questions les plus diverses présentées par les meilleurs spécialistes. Des textes clairs, fiables et précis qui vont à l'essentiel. Une iconographie appropriée permet de compléter l'information, et la présentation agréable facilite la lecture. En un mot : accessible.

■ Le Nouveau monde des infostructures
Auteur : Michel Cartier
Éditeur : Fides, Montréal

En bref : Au moyen de tableaux et de représentations graphiques, l'auteur démontre l'impact des infostructures sur nos sociétés, de même que les mythes et réalités rattachés à celles-ci.

■ Planète Cyber : Internet et cyberespace
Auteur : Jean-Claude Guédon
Éditeur : Éditions Gallimard, Coll. Découvertes, Paris

En bref : Internet donne le signal d'une véritable révolution culturelle, mais une révolution qui n'est pas sans danger : la communication sans limite est synonyme d'une information sans contrôle. Les données fondamentales du temps, de l'espace, de l'identité et du droit sont sur le point d'être réattribuées. Le choc sera aussi décisif que le fut l'écriture il y a cinq mille ans. Jean-Claude Guédon, professeur à l'Université de Montréal, fait le point et nous emmène «naviguer sur la toile», ou plutôt, en langage cyber, «surfer sur le Web». Abondamment illustré.

■ The Supermen
Auteur : Charles J. Murray
Éditions : John Wiley & Sons inc., Toronto

En bref : L'histoire de Seymour Crey et de son équipe qui sont à l'origine du *Supercomputer* et de l'ère informatique que nous vivons maintenant.

■ Overdrive
Auteur : James Wallace
Éditeur : John Wiley & Sons inc., Toronto

En bref : Biographie de Bill Gates et l'histoire de Microsoft. L'ouvrage comporte un aspect critique intéressant. ■

Mise à jour : octobre 1997

Prenez l'autoroute!

➤ Recherche : Cameron Campbell et Christine Daviault

Nous avons sélectionné ici quelques sites Internet touchant l'univers des technologies de l'information et des communications. Nos choix se sont portés vers les adresses où l'on peut trouver à la fois des exemples de ce que nous réserve la culture technologique et des analyses ou des reportages traduisant cette nouvelle réalité. Bonne route!

Français

http://www.branchez-vous.com/

De bons articles, mais il s'agit surtout d'un croisement entre un moteur de recherche et un répertoire d'hyperliens... On y trouve un bulletin de nouvelles quotidiennes, la couverture d'événements récents, etc. Parfait pour démarrer l'exploration du réseau Internet francophone.

http://course.branchez-vous.com

Surfez vers les métiers du XXIe siècle grâce à la Course BRANCHEZ-VOUS! Découvrez les carrières d'avenir explorées par des étudiants francophones de niveau collégial et présentées de façon unique et originale dans le cadre de cette compétition sur Internet. Des entrevues, jeux et quiz, le tout en textes, sons et images!

http://www.guide-internet.com

Site du magazine *Guide Internet*, des Éditions Trustar. Très (trop?) général, mais de bons reportages et chroniques à lire, par exemple «Mon oeil sur l'Internet» et «Le coin des internautes». Il s'agit surtout d'une compilation des meilleures sections du magazine, avec quelques nouveautés.

http://www.radio-canada.com/tv/branche/51/index.html

Site de l'émission *Branché*, diffusée à la télévision de Radio-Canada. On y trouve les textes de toutes les émissions, des clips *RealAudio* et vidéo ainsi qu'un nouvel article chaque jour de la semaine.

http://www.radio-canada.com//radio/clairetnet/

Site de l'émission radiophonique *Cl@ir et Net* de Radio-Canada. L'émission est présentée simultanément sur la bande AM et sur Internet : des éditoriaux, des actualités, des clips en *RealAudio*, etc.

➤

Français, anglais, espagnol, japonais

http://www.nirvanet.fr/

Ce site constitue davantage un exemple de culture digitale qu'une réflexion sur celle-ci. Un peu bizarre, très artistique, mais pas nécessairement utile. Pour les véritables curieux des possibilités qu'offre le Web.

Bilingue

http://www.studioxx.org/F/

Site francophone de Studio XX, la meilleure organisation de ressources électroniques pour femmes branchées : un zine-électronique, la série «Femmes branchées», etc. Le site offre aussi des liens vers d'autres ressources, comme http://www.webgrrls.com/montreal/, la section montréalaise de *WebGirls*, un regroupement de femmes branchées et féministes.

Anglais

http://www.wired.com/news/

Génial, de tout sur tout! Le meilleur site pour connaître les dernières nouveautés sur la culture digitale et la technologie. Complètement différent du mensuel américain *Wired* dont il est issu, mais ayant des liens (hyperliens et références philosophiques) avec cette publication. On y présente surtout des nouvelles quotidiennes, des rubriques, des articles de magazines professionnels et des liens vers des nouvelles générales.

http://www.hotwired.com/

Semblable au précédent, mais encore plus original. C'est la version digitale de *Wired*, mais avec des articles et des reportages différents de l'imprimé... On ne sait jamais par où commencer : les chroniques, les entrevues, les petites annonces, les sites recommandés... Il est divisé en sept sections, telles que *Webmonkey*, où sont donnés des conseils pour construire son propre site, Synapse, «où la technologie et la culture se rencontrent», etc.

http://www.tv.cbc.ca/undercurrents/tv/

Il s'agit du site de l'émission *UnderCurrents* du réseau anglophone de Radio-Canada. Qui dit qu'il n'y a rien de bon sur les ondes des chaînes de télé canadiennes! *UnderCurrents* est certainement l'une des émissions les plus *cool* portant sur Internet, l'informatique et le monde digital. Un peu comme si *Wired* se retrouvait à Toronto et devenait une émission de télé.

http://www.cec.wustl.edu/~cs142/internet.html

Ce site est accessible par le biais de l'Université de Washington, à St. Louis. Les articles proviennent de divers journaux et magazines américains. Il contient aussi des hyperliens vers d'autres sites traitant de société et de nouvelles technologies.

http://www.shift.com

Version Internet du magazine torontois *Shift*, site «branché» sur l'édition imprimée, il est tout de même intéressant d'y retrouver les reportages, les dossiers et les chroniques de ce mensuel éclaté, audacieux, tant par ses sujets que par sa présentation : entrevue avec le

Dalaï-Lama (ce qu'il pense du monde cybernétique!); l'avenir de la lecture; la fiabilité du Net en tant que source d'information; la vie privée à l'ère des bases de données, etc.

http://www.projectcool.com/

Site fondé par Glenn Davis, qui fut l'un des premiers à décerner des prix aux meilleurs sites sur Internet («Cool Site of The Day»). On y trouve des articles sur la création de son propre site Web et sur l'avenir d'Internet.

http://www.macworld.com

Pour les adeptes de Macintosh, comprenant des sections de nouvelles générales et des chroniques d'intérêt pour ceux qui utilisent Internet ou l'informatique en général. Allez aussi à www.macworld.com/netsmart et au lien www.macweek.com si vous aimez les systèmes Mac ou... aimez les détester!

http://www.pbs.org/cringely/home.html

PBS, le réseau américain de télévision publique, présente plusieurs émissions sur la technologie : on peut trouver sur son site Internet la section I, Cringely, qui contient notamment d'intéressants commentaires sur l'industrie de l'informatique et des nouvelles technologies. M. Cringely a travaillé pour Apple et un certain nombre d'autres fabricants d'ordinateurs et de logiciels. Il oeuvre maintenant à titre de consultant dans la région de Silicon Valley, en Californie, et anime également l'émission documentaire *Revenge of the Geeks*. Intelligent, rigolo et bien branché!

Anglais, avec des liens vers des magazines français et allemands :
http://www.ziffdavis.com/properties/index.htm

Liens vers les 42 magazines portant sur l'univers des technologies de communication publiés par la compagnie Ziffdavis, incluant : *ComputerLife, Inter@ctive Week, PC Computing, PC Magazine, The Site* et *MacUser*.

Anglais et espagnol

http://www.pbs.org/internet/

«PBS OnLine» est le compagnon digital de *Life on the Internet*, une autre émission de télé populaire consacrée à Internet. Le site contient évidemment des hyperliens, des tests de connaissances et des commentaires issus de la série. La section des articles touche à toutes les facettes de la culture technologique. Un site d'envergure.

À surveiller : le retour de Cyberie?

Français :

http://www.Cyberie.QC.CA/chronik/

Ce «célèbre» site, l'un des précurseurs et parmi les plus populaires au Québec, est aujourd'hui interrompu par manque de fonds. On espère qu'il pourra reprendre ses activités. C'est un peu le cousin québécois du magazine américain *Wired* : on y trouve de très bonnes archives, des nouvelles quotidiennes sur la technologie, les tendances, la culture, etc. Des éditoriaux et des articles de qualité ont fait de ce très beau site, facile à utiliser, l'un des meilleurs sur l'Internet francophone. À suivre! ∎

Prenez un **numéro!**

École de technologie supérieure

Adresse Web : http://www.etsmtl.ca

Département de génie électrique :
(514) 396-8800, poste 7567
Baccalauréat en génie électrique
Certificat en télécommunications
Maîtrise en génie logiciel
Maîtrise en technologie des systèmes
Doctorat en génie offert conjointement
avec Polytechnique et Concordia

École des hautes études commerciales

Adresse Web : http://www.hec.ca

B.A.A. avec concentration en
informatique de gestion :
(514) 340-6143
(secrétariat des programmes)
Responsable de la concentration,
Paul Mireault : (514) 340-6492

Possibilité de maîtrise en système
d'information : (514) 340-6151

École polytechnique

Adresse Web : http://www.polymtl.ca

Programmes de baccalauréat :
(514) 340-4726
Baccalauréat en génie électrique
Baccalauréat en génie informatique
Études supérieures : (514) 340-5859
D.E.S.S. en ergonomie du logiciel
D.E.S.S. en génie électrique
Maîtrise en génie électrique
Maîtrise en génie électrique, option
électronique
Maîtrise en génie informatique

Maîtrise en génie logiciel
Maîtrise en génie électrique, orientation
télécommunications
Doctorat en génie électrique

Université Bishop's

Adresse Web : http://www.bishops.ca

Computer Science Department :
(819) 822-9600, poste 2361

Baccalauréat en informatique
Certificat en informatique
Baccalauréat en administration des
affaires, concentration "Management
Science and Information Systems" :
(819) 822-9600, poste 2620

Université Concordia

Adresse Web : http://www.concordia.ca

Mineure et majeure en "Decision
Sciences and Management Information
Systems" (Administration) :
(514) 848-2980

Department of Computer Science :
(514) 848-3000
Baccalauréat en informatique avec
différentes concentrations :
"Information Systems, Software
Systems, Computer Systems,
Computer Applications."
Mineure en informatique

Department of Electrical and Computer
Engineering : (514) 848-3100
Baccalauréat en génie électrique
Baccalauréat en génie informatique
Graduate Programmes in Computer
Science, maîtrise et doctorat :
(514) 848-3020

Graduate Programmes in Electrical and Computer Engineering, maîtrise et doctorat : (514) 848-3084

Éducation permanente : (514) 848-3606
Certificat "Computer Applications Programming"
Certificat "Information Systems"
Certificat "Electronic Office Systems Technology"
Faculty of Fine Arts : (514) 848-4600
Baccalauréat en design Art :
(514) 848-4626
Digital Image, Sound and the Fine Arts :
(514) 848-4601

Université de Montréal
Adresse Web : http://www.umontreal.ca

Département d'informatique et de recherches opérationnelles :
(514) 343-6602
Baccalauréat en informatique
Majeure en informatique
Mineure en informatique
Certificat en informatique appliquée
Maîtrise en informatique
Doctorat en informatique
Département de mathématique/ informatique : (514) 343-6743
Baccalauréat en mathématiques informatique
Faculté de l'éducation permanente, micro-programme en micro-informatique : (514) 343-6982
Département de communication :
(514) 343-5434
Cours en multimédia; possibilité de spécialisation

Université du Québec à Chicoutimi
Adresse Web :
http://www.uqac.uquebec.ca

Ingénierie :
Baccalauréat en génie informatique :
(418) 545-5011, poste 5204
Maîtrise en ingénierie :
(418) 545-5011, poste 5045

Doctorat en ingénierie :
(418) 545-5011, poste 5045

Module de mathématiques et informatique : (418) 545-5011, poste 5267
Certificat en application de l'informatique
Baccalauréat en mathématiques informatique
Baccalauréat en informatique de gestion
Certificat en informatique de gestion
Maîtrise en informatique appliquée

Université de Sherbrooke
Adresse Web : http://www.usherb.ca

Génie électrique et génie informatique :
(819) 821-7141
Baccalauréat en génie électrique
Baccalauréat en génie informatique
Maîtrise en génie électrique
Maîtrise en génie logiciel
Doctorat en génie électrique

Baccalauréat en administration des affaires, concentration en gestion de l'information et des systèmes :
(819) 821-7313
Certificat en gestion de l'information et des systèmes

Informatique et informatique de gestion : (819) 821-8000, poste 2033 ou 2040
Baccalauréat en informatique
Baccalauréat en informatique de gestion

Université du Québec à Hull
Adresse Web :
http://www.uqah.uquebec.ca

Module de l'informatique :
(819) 773-1620
Baccalauréat en informatique
Certificat en informatique de gestion
Certificat informatique
Programme court de 1er cycle en informatique des télécommunications
Programme court en informatique des bases de données
Programme court en approche orientée-objet

▶

- De l'extérieur : (général)
  1-800-567-1283, poste 1850

Module des arts et des lettres :
(819) 773-1830
Baccalauréat en arts et design

Université du Québec à Montréal

Adresse Web : http://www.uqam.ca

Certificat en gestion informatisée :
(514) 987-8347

Département d'informatique :
(514) 987-3239
Baccalauréat en informatique
Programmes de maîtrise :
(514) 987-7092
Maîtrise en informatique
Maîtrise en informatique de gestion
Maîtrise en génie logiciel
Module d'informatique de gestion :
(514) 987-3664
Certificat en informatique de gestion
Baccalauréat en informatique de gestion

Module des certificats en informatique :
(514) 987-3740
Certificat en informatique
Certificat en microprocesseurs
Certificat en télécommunications
Module de microélectronique :
(514) 987-3676
Baccalauréat en microélectronique
Maîtrise en communication, avec
spécialisation en création multimédia :
(514) 987-4057
Centre d'expérimentation et de
développement des technologies
multimédias (ECHO) : (514) 871-1979

Module design graphique : (514) 987-3667
Baccalauréat en design graphique

Université du Québec à Rimouski

Adresse Web :
http://www.uqar.uquebec.ca

Baccalauréat en génie
mécanique-électrique : (418) 724-1759

Module d'économie et de gestion :
(418) 724-1546
Baccalauréat en administration avec
concentration en gestion informatisée
Certificat en gestion informatisée

Module mathématiques-informatique :
(418) 724-1516
Baccalauréat en concertation design
graphique mathématiques-informatique

Université du Québec à Trois-Rivières

Adresse Web:
http://www.uqtr.uquebec.ca

Baccalauréat en recherche
opérationnelle : (819) 376-5121

École d'ingénierie
Baccalauréat en génie électrique :
(819) 376-5069
Études supérieures en génie électrique
et électronique, doctorat :
(819) 376-5071

Gestion des systèmes d'information
Baccalauréat en gestion des systèmes
d'information : (819) 376-5080
Études supérieures en gestion des
systèmes d'information : (819) 376-5081

Module de mathématique et
d'informatique : (819) 376-5125
Baccalauréat en informatique
Certificat en informatique de gestion :
(819) 376-5125
Certificat en informatique
(formation générale)
Certificat en informatique scientifique
Certificat en développement de logiciels

Université du Québec en Abitibi-Témiscamingue

Adresse Web :
http://www.uqat.aquebec.ca
Module des sciences appliquées :
(819) 762-0971, poste 2559
Certificat en informatique de gestion
Baccalauréat en génie
électro-mécanique

▶

▶ **Université Laval**

Site Web : http://www.ulaval.ca

Département d'informatique :
(418) 656-7979
Baccalauréat en informatique de génie
Baccalauréat en informatique de gestion
Baccalauréat en informatique
mathématique
Certificat en informatique
Certificat en micro-informatique
appliquée
Maîtrise en informatique
Doctorat en informatique

Département de génie électrique et de
génie informatique : (418) 656-2984
Baccalauréat en génie électrique
Baccalauréat en génie informatique
Études supérieures en génie électrique :
(418) 656-3159
Maîtrise en génie électrique
(avec ou sans essai)
Doctorat en génie électrique

Département des arts visuels:
(418) 656-7631
Baccalauréat en design graphique

Université McGill

Adresse Web : http://www.mcgill.ca

Department of Electrical Engineering :
(514) 398-7344
Baccalauréat en génie électrique

Baccalauréat en génie informatique
Maîtrise en génie électrique
Doctorat en génie électrique

Management Information Systems
(Faculty of Management) :
(514) 398-4068

School of Computer Science :
(514) 398-7071
Mineure en informatique
Mineure en science cognitive
Majeure en informatique
Majeure en mathématiques-informatique
Baccalauréat en informatique
Baccalauréat en mathématiques-
informatique
Maîtrise en informatique

Télé-université

Adresse Web :
http://www.teluq.uquebec.ca

Renseignements : (514) 522-3540 ou
1-888-843-4333
Certificat en informatique appliquée à
l'éducation
Certificat en informatique appliquée à
l'organisation
Certificat en intégration des technologies informatiques en éducation
Programme court d'intégration des
logiciels-outils dans l'enseignement
Programme court en développement de
logiciels

FORMATION COLLÉGIALE

Cégep de l'Abitibi-Témiscamingue
(819) 762-0931
Adresse Web :
http://www.cegepat.qc.ca/

Cégep d'Alma
(418) 668-2387

Cégep André-Laurendeau
(514) 364-3320
Adresse Web :
http://www.claurendeau.qc.ca/

Cégep Beauce-Appalaches
(418) 228-8896
Adresse Web :
http://www.cegepbceapp.qc.ca/

Cégep de Baie-Comeau
(418) 589-5707
Adresse Web :
http://www.cegep-baie-comeau.qc.ca/

Cégep de Chicoutimi
(418) 549-9520
Adresse Web :
http://cegep-chicoutimi.qc.ca/

Cégep de Drummondville
(819) 478-4671
Adresse Web :
http://www.cegep-drummond.qc.ca/

Cégep de Granby Haute-Yamaska
(514) 372-6674
Adresse Web :
http://www.college-granby-hy.qc.ca/

Cégep de Joliette-De Lanaudière
(514) 759-1661
Adresse Web :
http://www.ColLanaud.qc.ca/

Cégep de Jonquière
(418) 547-2191
Adresse Web :
http://cjonquiere.qc.ca/

Cégep de la Gaspésie et des Îles
(418) 368-2201
Adresse Web :
http://www.cgaspesie.qc.ca/

Cégep de La Pocatière
(418) 856-1525
Adresse Web :
http://lapoc.kamouraska.com/cegep/

Cégep de la Région de l'Amiante
(418) 338-8591

Cégep de Lévis-Lauzon
(418) 833-5110
Adresse Web :
http://www.clevislauzon.qc.ca/

Cégep de Limoilou
(418) 647-6600
Adresse Web :
http://www.climoilou.qc.ca/

Cégep de l'Outaouais
(819) 770-4012
Adresse Web :
http://coll-outao.qc.ca/

Cégep de Maisonneuve
(514) 254-7131
Adresse Web :
http://www.cmaisonneuve.qc.ca/

Cégep de Matane
(418) 652-1240
Adresse Web :
http://www.cgmatane.qc.ca/

Cégep Lionel-Groulx
(514) 430-3120
Adresse Web :
http://clionelgroulx.qc.ca/

Cégep Marie-Victorin
(514) 325-0150

Cégep Montmorency
(514) 975-9300
Adresse Web :
http://www.cmontmorency.qc.ca/

Cégep de Rimouski
(418) 723-1880
Adresse Web :
http://www.cegep-rimouski.qc.ca/

Cégep de Rivière-du-Loup
(418) 862-6903
Adresse Web :
http://icrdl.net/cegeprdl/

Cégep de Rosemont
(514) 376-1620
Adresse Web :
http://www.crosemont.qc.ca/

Cégep de Saint-Félicien
(418) 679-5412
Adresse Web :
http://www.cegep-st-felicien.qc.ca/

Cégep de Sainte-Foy
(418) 659-6600
Adresse Web :
http://www.cegep-ste-foy.qc.ca/

▶

Cégep de Saint-Hyacinthe
(514) 773-6800
Adresse Web :
http://www.cegepsth.qc.ca/

Cégep de Saint-Jean-sur-Richelieu
(514) 347-5301
Adresse Web :
http://www.cstjean.qc.ca/

Cégep de Saint-Jérôme
(514) 436-1580
Adresse Web :
http://www.cegep-st-jerome.qc.ca/

Cégep de Saint-Laurent
(514) 747-6521
Adresse Web :
http://www.cegep-st-laurent.qc.ca/

Cégep de Sept-Îles
(418) 962-9848
Adresse Web :
http://www.cegep-sept-iles.qc.ca/

Cégep de Shawinigan
(819) 539-6401
Adresse Web :
http://www.collegeshawinigan.qc.ca/

Cégep de Sherbrooke
(819) 564-6312
Adresse Web :
http://collegesherbrooke.qc.ca/

Cégep de Sorel-Tracy
(514) 742-6651
Adresse Web :
http://www.cegep-sorel-tracy.qc.ca/

Cégep de Trois-Rivières
(819) 376-1721
Adresse Web :
http://www.cegeptr.qc.ca/

Cégep de Valleyfield
(514) 373-9441

Cégep de Victoriaville
(819) 758-6401
Adresse Web :
http://cgpvicto.qc.ca/

Cégep du Vieux-Montréal
(514) 982-3437
Adresse Web :
http://www.cvm.qc.ca/

Collège Ahuntsic
(514) 389-5921
Adresse Web :
http://www.collegeahuntsic.qc.ca/

Collège de l'Assomption
(514) 589-5621

Collège de Bois-de-Boulogne
(514) 332-3000
Adresse Web :
http://www.collegebdeb.qc.ca/

Collège Édouard-Montpetit
(514) 679-2630
Adresse Web :
http://www.collegeem.qc.ca/

Collège François-Xavier-Garneau
(418) 688-8310
Adresse Web :
http://www.cegep-fxg.qc.ca/

**Centre matapédien
d'études collégiales**
(418) 629-4190

Cégeps offrant la formation en langue anglaise

Champlain Regional College
(819) 564-3666
Adresse Web :
http://www.champlaincollege.qc.ca
• Campus Lennoxville
  (819) 564-3666

- Campus Saint-Lambert
  (514) 672-7360
- Campus St. Lawrence
  (418) 656-6921

Dawson College
(514) 931-8731
Adresse Web :
http://www.dawsoncollege.qc.ca/

Heritage College
(819) 778-2270
Adresse Web :
http://cegep-heritage.qc.cq

John-Abbott College
(514) 457-6610
Adresse Web :
http://www.johnabbott.qc.ca/

MacDonald College
(514) 389-7925

Vanier College
(514) 744-7100
Adresse Web :
http://www.vanier.qc.ca/

Établissements privés

Campus Notre-Dame-de-Foy
(418) 872-8041

Collège André-Grasset
(514) 381-4293
Adresse Web :
http://www.odyssee.net/~arc/
bienvenue.cag.html

Collège Bart
(418) 522-3906

Collège de Lévis
(418) 833-1249

Collège Delta
(514) 849-7729
Adresse Web :
http://www.collegedelta.qc.ca/

Collège Inter-DEC
(514) 939-4444
Adresse Web :
http://www.clasalle.qc.ca/interdec

Collège LaSalle
(514) 939-2006
Adresse Web :
http://www.clasalle.qc.ca/

Collège Mérici
(418) 683-1591

Collège Marsan
(514) 525-3030
Adresse Web :
http://www.collegemarsan.qc.ca/

Collège O'Sullivan – Montréal
(514) 866-4622
Adresse Web :
http://www.osullivan.edu/

Collège O'Sullivan – Québec
(418) 529-3355
Adresse Web :
http://www.osullivan.edu/

Collège Salette
(514) 388-5725

Institut Teccart
(514) 526-2501
Adresse Web :
http://www.teccart.qc.ca/

Institut Trebas
(514) 845-4141
Adresse Web :
http://www.trebas.com

Musitechnic, Services éducatifs
(514) 521-2060
Adresse Web :
http://www.musitechnic.com

Autres établissements
Centre national d'animation et de design (NAD)
(514) 288-3447
http://www.nad.qc.ca

▶

► **Institut national de l'image et du son (INIS/cinéma)**
(514) 285-1840

Institut de création artistique et de recherche en infographie (ICARI)
(514) 982-0922
http://www. icari.qc.ca

AUTRES RESSOURCES

Association de la recherche industrielle du Québec (ADRIQ)
(514) 337-3001

Association québécoise d'information scolaire et professionnelle
(418) 847-1781
Adresse Web :
http://www.grics.qc.ca/aqisep/

Centre d'expertise et de services en applications multimédias (une division du CRIM)
(514) 848-7177

Centre de recherche en informatique de Montréal (CRIM)
(514) 398-1234
Adresse Web :
http://www.crim.ca

Centre de promotion du logiciel québécois (CPLQ)
(514) 874-2667
Adresse Web :
http://www.cplq.org

Centre francophone de recherche en informatisation des organisations (CEFRIO)
(418) 523-2329 ou 1 800 567-3746
(514) 395-8983

Fédération de l'informatique du Québec (FIQ)
(514) 395-8689

Fédération des commissions scolaires du Québec (FCSQ)
(418) 651-3220
Adresse Web :
http://grics.qc.ca/fcsq/

Fédération des cégeps
(514) 381-8631

Ministère de l'Éducation (service des communications)
À Montréal : (514) 873-8066
À Québec : (418) 643-7095
Adresse Web :
http://www.der_com@meq.gouv.qc.ca/

Ordre des ingénieurs du Québec (OIQ)
(514) 845-6141 ou 1 800 461-6141

Ordre professionnel des conseillers et conseillères d'orientation du Québec
(514) 737-4717

SRAM (Service régional d'admission du Grand Montréal)
(514) 271-1124

SRAQ (Service régional d'admission de Québec)
(418) 659-4873

SRAS (Service régional d'admission du Saguenay-Lac-Saint-Jean)
(418) 548-7191

La rubrique des recruteurs vous donne les coordonnées précises de plusieurs firmes des secteurs privé et public. Vous y trouverez les champs de pratique de chacune de ces entreprises, le nom de la personne reponsable du recrutement et, lorsque disponibles, les prévisions d'embauche pour la prochaine année. **Ces informations étaient actuelles le 1er décembre 1997.**

3-SOFT INC.
6400, boul. Taschereau
Bureau 200
Brossard (Québec)
J4W 3J2
Tél. : (514) 926-2259
1-800-661-2259
Fax : (514) 926-9060

Responsable du recrutement
Louise Patola

Champs de pratique
Services de placement
Services techniques
Ventes de logiciels

Spécialités recherchées
Conseiller technique
Soutien aux usagers
Spécialiste en réseautique

Nombre d'employés au
Québec : 75

Embauche en 1998
Étudiants à l'emploi à l'été 1998 : 2
Embauche de finissants en 1998 : 10

ACT/PRESTICOM
3615-B, rue Isabelle
Brossard (Québec)
J4Y 2R2
Tél. : (514) 659-5090
Fax : (514) 659-2190

Responsable du recrutement
Mylène Ouellette

Champs de pratique
Télécommunications

Spécialités recherchées
Ingénieur certification
Ingénieur électronique
Ingénieur Logiciel
Support technique

Nombre d'employés au
Québec : 60

Embauche en 1998
Étudiants à l'emploi à l'été 1998 : N.D.
Embauche de finissants en 1998 : N.D.

ARTEFACT INFORMATIQUE INC.
1400, boul. du Parc Technologique
Québec (Québec)
G1P 4R7
Tél. : (418) 652-8252
Fax : (418) 656-1441
Courriel : info@artefact.qc.ca

Responsable du recrutement
Daniel Côté, Louis-Jacques Mathieu,
Richard Tremblay

Champs de pratique
Consultation de la santé
Développement de logiciel

Spécialités recherchées
Analyste
Architecte
Chefs de projets
Lotus
Onix
Oracle
Programmeur
Technicien
Uniface
Windows NT etc.

Nombre d'employés au
Québec : 16

Embauche en 1998
Étudiants à l'emploi à l'été 1998 : 0 à 2
Embauche de finissants en 1998 : N.D.

BELL
1000, rue de la Gauchetière Ouest
Bureau 810
Montréal (Québec)
H3B 4W5
Tél. : (514) 870-5831
Fax : (514) 391-3099

Responsable du recrutement
Maryse Maréchal

Champs de pratique
Télécommunications

Spécialités recherchées
Baccalauréat en génie informatique
Baccalauréat et maîtrise en informatique
Maîtrise en informatique de gestion

Nombre d'employés au
Québec : 9000

Embauche en 1998
Étudiants à l'emploi à l'été 1998 : 20
Embauche de finissants en 1998 : 225

BELTRON, TECHNOLOGIE DE L'INFORMATION LTÉE
4, Place du Commerce
Bureau 300
Ile-des-Soeurs (Québec)
H3E 1J4
Tél. : (514) 762-2001
Fax : (514) 762-2007

Responsable du recrutement
Sylvie Mireault, Sylvie Pilotte

Champs de pratique
Génie-conseil
Services-conseils (développement de logiciels)
Technologie de réseau

Spécialités recherchées
Administrateur de base de données
Analyste
Analyste-programmeur
Architecte de système
Chef de projets
Gestionnaire de réseau
Ingénieur informatique et électrique
Programmeur-analyste
Spécialiste Internet/Intranet

Nombre d'employés
au Québec : 115

Embauche en 1998
Étudiants à l'emploi à l'été 1998 : 2
Embauche de finissants en 1998 : 3

COMMISSION DE LA FONCTION PUBLIQUE FÉDÉRALE DU CANADA

Complexe Guy-Favreau
200, boul. René-Lévesque Ouest
Tour ouest, 8e étage
Montréal (Québec)
Tél. : (514) 283-5969
Fax : (514) 283-5001

Responsable du recrutement
Service de dotation

Champs de pratique
Couvre tous les ministères fédéraux, besoins
à divers niveaux

Spécialités recherchées
Access
Connaissances Windows 95 et 3.11
Dos
Novell 4.XX
Onix
Support aux usagers

Nombre d'employés au Québec : 3500

Embauche en 1998
Étudiants à l'emploi à l'été 1998 : 80
Embauche de finissants en 1998 : 200

CONSEILLERS EN GESTION ET INFORMATIQUE CGI INC.

1130, rue Sherbrooke Ouest
Bureau 700
Montréal (Québec)
H3A 2M8
Tél. : (514) 841-3250
Fax : (514) 841-3222
Courriel : recrutement-mtl@cgc.ca
Site Web : www.cgi.ca

Responsable du recrutement
Patricia Fortin, Colette St-Michel, Julie
Trudeau

Champs de pratique
Gestion
Impartition
Ingénierie des processus d'affaires
Intégration de système
Services professionnels en informatique
Télécommunications

Spécialités recherchées
Analyste
Analyste-programmeur
Architecte
Bureautique
Chef d'équipe

Chef de projet
Conseil stratégique
Directeur de projet
Gestionnaire de réseau
Programmeur-modélisateur
Support technique
Télécommunications

Nombre d'employés au Québec : 1450

Embauche en 1998
Étudiants à l'emploi à l'été 1998 : 3 à 5
Embauche de finissants en 1998 : 6 à 8

CORPORATION LOCUS DIALOGUE

460, Sainte-Catherine Ouest
Suite 728
Montréal (Québec)
H3B 1A7
Tél. : (514) 954-3804
Fax : (514) 954-3805

Responsable du recrutement
Daniel Buron et Yves Normandin

Champs de pratique
Reconnaissance automatique de la parole,
spécialisé dans les applications téléphoniques.

Spécialités recherchées
Concepteur de logiciels
Documentaliste
Spécialiste en applications de reconnais-
sance de la parole
Spécialiste en assurance qualité
Spécialiste en formation
Spécialiste en traitement de la parole

Nombre d'employés au Québec : 25

Embauche en 1998
Étudiants à l'emploi à l'été 1998 : 3
Embauche de finissants en 1998 : 3

DISCREET LOGIC

10, Duke
Montréal (Québec)
H3C 2L7
Tél. : (514) 393-1616
Fax : (514) 393-0110

Responsable du recrutement
Ressources humaines

Champs de pratique
Développement de logiciels

Spécialités recherchées
Développeur de logiciels
Soutien à la clientèle
Vérificateur de produits

Nombre d'employés au Québec : 225

Embauche en 1998
Étudiants à l'emploi à l'été 1998 : 10
Embauche de finissants en 1998 : 10

DRUIDE INFORMATIQUE INC.

5515, chemin de la Côte-Saint-Luc
Montréal (Québec)
H3X 2C6
Tél. : (514) 484-4998
Fax : (514) 484-7709
Courriel : info@druide.com

Responsable du recrutement
Éric Brunelle

Champs de pratique
Développement de logiciels linguistiques
grand public

Nombre d'employés au Québec : 12

Embauche en 1998
Étudiants à l'emploi à l'été 1998 : N.D.
Embauche de finissants en 1998 : 2

DYNACOM TECHNOLOGIES INC.

1955, chemin Côte-de-Liesse
Saint-Laurent (Québec)
H4N 3A8
Tél. : (514) 745-6655
1-800-565-2266
Fax : (514) 745-0054

Responsable du recrutement
Jean-Pierre Lachapelle
Champs de pratique
Développement de logiciels

Spécialités recherchées
Analyste
Programmeur

Nombre d'employés au Québec : 21

Embauche en 1998
Étudiants à l'emploi à l'été 1998 : 0
Embauche de finissants en 1998 : 2 à 3

GALEA SÉCURITÉ RÉSEAU

2120, avenue Victoria
Greenfield Park (Québec)
J4V 1M9
Tél. : (514) 923-0555
Fax : (514) 923-0770

Responsable du recrutement
Andrée Dugas

Champs de pratique
Électronique (coupe-feu, firewalls)
répondant directement aux marchés de
sécurité pour Internet/Intranet
Manufacturier de produits de sécurité

Spécialités recherchées
Ingénieur d'intégration-électronique
numérique
Ingénieur en conception logiciel
Ingénieur en conception UHDL-électronique
numérique
Ingénieur en conception-électronique
numérique
Rédacteur technique-électronique et logiciels
Spécialiste en sécurité informatique

**Nombre d'employés au
Québec :**   25

Embauche en 1998
Étudiants à l'emploi à l'été 1998 :   2
Embauche de finissants en 1998 :   5

GESTION INFORMATIQUE OKA LTÉE

2075, rue University
Bureau 750
Montréal (Québec)
H3A 2L1
Tél. : (514) 282-9334
Fax : (514) 282-8060

Responsable du recrutement
Joanne Sauvé

Champs de pratique
Consultation

Spécialités recherchées
Administrateur de base de données
Analyste
Analyste soutien technique
Analyste-programmeur
Gestionnaire de réseaux

**Nombre d'employés au
Québec :**   150

Embauche en 1998
Étudiants à l'emploi à l'été 1998 :   1 à 2
Embauche de finissants en 1998 :   1 à 4

GROUPE INFORMISSION INC.

1260, boul. Lebourgneuf
Bureau 250
Québec (Québec)
G2K 2G2
Tél. : (418) 627-2001
Fax : (418) 627-2023

Responsable du recrutement
Yves Maheux, bureau de Québec
Nathalie McCutchean, bureau de Montréal

Champs de pratique
An 2000
Architecture
Base de données
Centre d'expertise client-serveur
Centre de solutions intégrées de l'orienté
objet
Développement et optimisation de système
Entrepôt de données
Immigration
"in-circuit"
INET
Informatique scientifique et industrielle
Infrastructure technologique réseau
Java
Java-script
Logiciel
Système embarqué
Systématisation
Télécommunications
Temps réel

Spécialités recherchées
Administrateur de banque de données
Analyste en architecture de système
Analyste-programmeur
Chargé de projets
Gestionnaire de réseau
Spécialiste Microsoft

**Nombre d'employés au
Québec :**   200

Embauche en 1998
Étudiants à l'emploi à l'été 1998 :   5
Embauche de finissants en 1998 :   20

GROUPE CONSEIL DMR INC.

1200, McGill Collège
7e étage
Montréal (Québec)
H3B 4G7
Tél. : (514) 877-3301
Fax. : (514) 877-3351

Responsable du recrutement
Joan Belcourt

Champs de pratique
Développement de systèmes, intégration
de système

Spécialités recherchées
Analyste, programmeur
Programmeur-analyste

**Nombre d'employés au
Québec :**   6000

Embauche en 1998
Étudiants à l'emploi à l'été 1998 :   N.D.
Embauche de finissants en 1998 :   N.D.

GROUPE INFORMATIQUE TECHNOLOGIA

3535, Queen-Mary
Bureau 304
Montréal (Québec)
Tél. : (514) 990-7040
Fax : (514) 990-4677

Responsable du recrutement
Didier Clerc

Champs de pratique
Formation et conseil en informatique de
pointe

Spécialités recherchées
Formateur (Windows NT, réseaux,
intrancts...)
Conseillers

**Nombre d'employés au
Québec :**   10

Embauche en 1998
Étudiants à l'emploi à l'été 1998 :   N.D.
Embauche de finissants en 1998 :   N.D.

GROUPE UNICONSEIL

1801, McGill College
Bureau 1010
Montréal (Québec)
H3A 2N4
Tél. : (514) 840-1155
Fax : (514) 840-1166
Correl : yratte@uniconseil.com
Site Web : http://www.uniconseil.com

Responsable du recrutement
Yvon Ratté

Champs de pratique
Centre d'appels (IVR : Interactive voice response)
Conseil informatique
Internet/Intranet/Sécurité
Telecom (LAN, WAN)

Spécialités recherchées
Administrateur système Unix, Novell, NT, Banyan EPC
Analyste-programmeur client-serveur, Unix, C, Oracle...
Analyste-programmeur FRME (Mus, Coboc, DBL, Cics etc.)
Analyste-programmeur Fui, Orienté-Objet, CPP, UB
Analyste
Architecte
Chef de projets
DBA
Modélisateur

Nombre d'employés au Québec :
220

Embauche en 1998
Étudiants à l'emploi à l'été 1998 : 10
Embauche de finissants en 1998 : 10

Hydro-Québec
75, boul. René-Lévesque Ouest
5ᵉ étage
Montréal (Québec)
Tél. : (514) 899-8448
Fax : (514) 899-8450

Responsable du recrutement
Henriette Nobert

Champs de pratique
Bureautique, réseaux locaux
Centre de traitement corporatif
Gestion du réseau d'énergie
Maintenance et développement d'applications
Réseau de télécommunications
Services et assistance aux usagers

Spécialités recherchées
Analyste
Analyste-conseiller (support technique, exploitation,formation)
Concepteur en développement informatique
Conseiller-analyste
Programmeur-analyste

Nombre d'employés au Québec :
20 200

Embauche en 1998
Étudiants à l'emploi
à l'été 1998 : Entre 15 et 20
Embauche de finissants
en 1998 : Environ 20

IMASOFT INC.
4670, Sainte-Catherine Ouest
Suite 300
Westmount (Québec)
H3Z 1S5
Tél. : (514) 934-1454
Fax : (514) 934-5486

Responsable du recrutement
Richard Blouin

Champs de pratique
Développement de logiciels
Imaging/Documantaire/Intranet

Spécialités recherchées
Analyste
Concepteur
Programmeur
Delphi, C++, SQL, JAVA

Nombre d'employés au Québec :
16

Embauche en 1998
Étudiants à l'emploi à l'été 1998 : 2
Embauche de finissants en 1998 :
plus de 4

INFOMÉDIC B.R. INC.
5445, Henri-Bourassa Ouest
Suite 210
Saint-Laurent (Québec)
H4R 1B7
Tél. : (514) 332-2056
Fax : (514) 339-1057

Responsable du recrutement
Ninon Bertrand, directrice

Champs de pratique
Développement logiciels médicaux, hygiène, industriel

Spécialités recherchées
Programmeur

Nombre d'employés au Québec :
8

Embauche en 1998
Étudiants à l'emploi à l'été 1998 : 1
Embauche de finissants en 1998 : 1

INTELLIA INC.
711, de la Commune Ouest
Montréal (Québec)
H3C 1X6
Tél. : (514) 392-1292
Fax : (514) 392-0911

Responsable du recrutement
Benoit Perreault, directeur des opérations

Champs de pratique
Développement de logiciels : site Web/Intranet/Data Base Publishing

Spécialités recherchées
Administrateur réseau NT 4.0, Unix, Tech Support
Intégrateur HTML
Programmeur C, C++, VB Script, Java, ITS-ASP

Nombre d'employés au Québec :
N.D.

Embauche en 1998
Étudiants à l'emploi à l'été 1998 : N.D.
Embauche de finissants en 1998 : N.D.

ISM
2, Place Ville Marie
Suite 200
Montréal (Québec)
H3B 5G9
Fax. : (514) 390-8809

Responsable du recrutement
Camille Gendreau, Maude Bertrand

Champs de pratique
Impartition en informatique

Spécialités recherchées
Analyste capacité & performance
Analyste logiciels
Analyste système intermédia
Analyste, programmeur
Architecte, chef d'équipe
Intrégateur de produits
Spécialiste technique réseaux

Nombre d'employés au Québec :
plus de 1500

Embauche en 1998
Étudiants à l'emploi à l'été 1998 : N.D.
Embauche de finissants en 1998 : N.D.

LE GROUPE BERCLAIN INC.
3175, chemin des Quatre-Bourgeois
Bureau 300
Sainte-Foy (Québec)
G1W 2K7
Tél. : (418) 654-1454
Fax : (418) 654-0645
Courriel : rh@berclain.com
Site Web : http://www.berclain.com

Responsable du recrutement
Équipe des ressources humaines

Champs de pratique
Développement et l'implantation de logiciels de coordination des opérations manufacturières.

Spécialités recherchées
Documentaliste technique
Programmeur orienté objet (C++, Delphi, Java)
Spécialiste en algorithmie (Synchronisation manufacturière)
Spécialiste en assurance qualité
Spécialiste en base de données (Oracle, Informis, MS SQL server)
Spécialiste en connectivité (DCom, CORBA)
Spécialiste en interfaces usagers (Delphi, Java)
Technologies de l'information (administrateur de parc informatique)

Nombre d'employés au Québec :   90

Embauche en 1998
Étudiants à l'emploi à l'été 1998 :   2
Embauche de finissants en 1998 :   5

LES ENTREPRISES GIRO INC.
75, rue du Port-Royal Est
Bureau 500
Montréal (Québec)
H3L 3T1
Tél. : (514) 383-0404
Fax : (514) 383-4971

Responsable du recrutement
Claudine Plante

Champs de pratique
Logiciels de transport public

Spécialités recherchées
Recherches opérationnelles

Nombre d'employés au Québec :   120

Embauche en 1998
Étudiants à l'emploi à l'été 1998 :   3
Embauche de finissants en 1998 :   4

LES LOGICIELS MACHINA SAPIENS INC.
3535, chemin de la Reine-Marie
Bureau 420
Montréal (Québec)
H3V 1H8
Tél. : (514) 733-1095
Fax : (514) 733-2774
Courrel : emploi@machinasapiens.com
Site Web : www.machinasapiens.com

Responsable du recrutement
Annie Bisaillon

Champs de pratique
Réalisation de prologiciels d'ingénierie linguistique et d'applications de l'intelligence artificielle

Spécialités recherchées
Analyste-programmeur, interface personne-système, C++, MFC, Windows
Analyste-programmeur, système à base de connaissances, C++
Linguiste-informaticien
Spécialiste en ingénierie linguistique
Spécialiste en traductique (TAO)

Nombre d'employés au Québec :   50

Embauche en 1998
Étudiants à l'emploi à l'été 1998 :   5
Embauche de finissants en 1998 :   5

LOCKHEED MARTIN CANADA
6111, avenue Royalmount
Montréal (Québec)
H4P 1K6
Tél. : (514) 340-8317
Fax : (514) 340-8314

Responsable du recrutement
Lucie-Marie Gauthier, ressources humaines

Champs de pratique
Recherche, conception, fabrication et intégration de produits de haute technologie plus spécifiquement, intégration de système, fabrication de logiciels et gestion de programme à grande échelle.

Spécialités recherchées
Spécialiste en génie logiciel
Spécialiste en ingénierie de système
Spécialiste en technologies de l'information

Nombre d'employés au Québec :   250

Embauche en 1998
Étudiants à l'emploi à l'été 1998 :   20
Embauche de finissants en 1998 :   25

LOGICIEL UPPERCUT
67, Perreault Est
Rouyn-Noranda (Québec)
J9X 3C1
Tél. : (819) 762-6222
Fax : (819) 762-4224
Courrel : donald@beyond-3d.com

Responsable du recrutement
Donald Cloutier, vice-président

Champs de pratique
Développement de logiciels

Spécialités recherchées
Programmeur
Nombre d'employés au Québec :   9

Embauche en 1998
Étudiants à l'emploi à l'été 1998 :   1
Embauche de finissants en 1998 :   5

LOGICIELS XCEED INC.
2001, de la Métropole
Bureau 705
Longueuil (Québec)
J4G 1S9
Tél. : (514) 442-2626
Fax : (514) 442-4604

Responsable du recrutement
Daniel Côté

Champs de pratique
Conseil
Développement de composante pour plate-formes de développement Windows

Spécialités recherchées
Gestionnaire de réseau
Programmeur spécialiste sous plate-formes Windows
Spécialiste support technique

Nombre d'employés au Québec :   7

Embauche en 1998
Étudiants à l'emploi à l'été 1998 :   2
Embauche de finissants en 1998 :   2

MICROCELL LABS INC.
1250, boul. René-Lévesque Ouest
Bureau 400
Montréal (Québec)
H3B 4W8
Tél. : (514) 937-2121
Fax : (514) 937-2554

Responsable du recrutement
Ressources humaines

Champs de pratique
Développement de logiciels reliés aux télé-communications sans fils

Spécialités recherchées
Analyste
Environement
Language orienté objet
Programmeur
Unix

Nombre d'employés au Québec : 15
Embauche en 1998
Étudiants à l'emploi à l'été 1998 : 4 à 8
Embauche de finissants en 1998 : 1 à 2

PG SYSTÈMES D'INFORMATION
217, avenue Léonidas
Rimouski (Québec)
G5L 2T5
Tél. : (418) 724-5037
Fax : (514) 725-4747
Correl : pgcrieq@quebectel.com
Site Web : www.pgysystem.com

Responsable du recrutement
Mario Brisson, vice-président
Thomas Gagnon, président

Champs de pratique
Développement de solutions informatiques (comptabilité et gestion) pour des munici-palités, MRC, entreprises privées et entre-prises du secteur forestier.

Spécialités recherchées
Analyste
Analyste qualité et génie logiciel
Formateur
Gestionnaire de réseau
Programmeur
Vendeur etc.

Nombre d'employés au Québec : 75

Embauche en 1998
Étudiants à l'emploi à l'été 1998 : 3
Embauche de finissants en 1998 : 1

POSITRON FIBER SYSTEMS
5101, Buchan
Montréal (Québec)
H4P 2R9
Tél. : (514) 345-2200
Fax : (514) 345-2252

Responsable du recrutement
Patricia Barry
Champs de pratique
Télécommunications
Spécialités recherchées
Analyste
Concepteur
Gestionnaire de réseau
Programmeur

Nombre d'employés au Québec : 105

Embauche en 1998
Étudiants à l'emploi à l'été 1998 : 5
Embauche de finissants en 1998 : 7

POSITRON INC.
5101, rue Buchan
Montréal (Québec)
H4P 2R9

Tél. : (514) 345-2270
Fax : (514) 345-2258
Site Web : http://www.positroninc.ca

Responsable du recrutement
Susan Read

Champs de pratique
Conception et fabrication de systèmes de télécommunication

Spécialités recherchées
Concepteurs de logiciels
Analyste-programmeur
Technicien
Soutien service à la clientèle

Nombre d'employés au Québec : 320

Embauche en 1998
Étudiants à l'emploi à l'été 1998 : 8
Embauche de finissants en 1998 :
minimum 5

PURKINJE INC.
7333, Place des Roseraies
Bureau 400
Montréal (Québec)
H1M 2X6
Tél. : (514) 355-2531
1-800-561-2531

Fax : (514) 355-0481

Responsable du recrutement
Pierre-François Hébert, directeur des ressources humaines

Champs de pratique
Développement de logiciels médicaux

Spécialités recherchées
Programmeur
Programmeur-analyste
Technicien

Nombre d'employés au Québec : N.D.

Embauche en 1998
Étudiants à l'emploi à l'été 1998 : N.D.
Embauche de finissants en 1998 : N.D.

SOFTIMAGE
3510, boul. Saint-Laurent
Suite 400
Montréal (Québec)
H2X 2V2
Tél. : (514) 845-1636
Fax : (514) 845-8755

Responsable du recrutement
Frédéric Beaubien

Champs de pratique
Développement de logiciels

Spécialités recherchées
Analyste
Programmeur

Nombre d'employés au Québec : 300

Embauche en 1998
Étudiants à l'emploi à l'été 1998 : 20
Embauche de finissants en 1998 : 5

STUDIO EXPLOMÉDIA
150, rue de Vimy
Sherbrooke (Québec)
J1J 3M7
Tél. : (819) 562-7322
Fax : (819) 562-5773

Responsable du recrutement
Marie Papineau, présidente

Champs de pratique
Développement de logiciels de formation professionnelle
Recherche et développement en application multimédia

Spécialités recherchées
Infographiste
Programmeur

**Nombre d'employés au
Québec** : 16

Embauche en 1998
Étudiants à l'emploi à l'été 1998 : 1
Embauche de finissants en 1998 : 1

**SYSTÈMES INFORMATIQUES
UNIK INC.**
1, Place Laval
Bureau 640
Laval (Québec)
H7N 1A1
Tél. : (514) 667-8860
Fax : (514) 667-8986

Responsable du recrutement
Jean-François Fisicaro, Carole Marcil

Champs de pratique
Développement de logiciels sous Windows
pour des marchés spécialisés

Spécialités recherchées
Chargé(e) de projets

**Nombre d'employés au
Québec** : 4

Embauche en 1998
Étudiants à l'emploi à l'été 1998 : 1
Embauche de finissants en 1998 : 1

TECHNOLOGY EICON
9800, boul. Cavendish
Montréal (Québec)
H4M 2V9
Tél. : (514) 832-3641
Fax : (514) 832-3011

Responsable du recrutement
Jacqueline Nadel, Stéphanie Létourneau

Champs de pratique
Concepteur de logiciels pour connexions
rapides aux systèmes d'information
Créateur de solutions de téléréseautage à
haute vitesse

Spécialités recherchées
Annalyste
Concepteur de logiciels
Programmeur

**Nombre d'employés au
Québec** : 250

Embauche en 1998
Étudiants à l'emploi à l'été 1998 : 2
Embauche de finissants en 1998 : 2

TÉLÉBEC LTÉE
Service des ressources humaines
7151, rue Jean-Talon Est
Anjou (Québec)
Tél. : (514) 493-5394
Fax : (514) 493-5352

Responsable du recrutement
Sandra Potente

Champs de pratique
Filiale de BCE
Télécommunications

Spécialités recherchées
Analyste
Chargé de projets
Programmeur
Programmeur-analyste

**Nombre d'employés au
Québec** : 965 environ

Embauche en 1998
Étudiants à l'emploi à l'été 1998 :20 à 25
et 5 en informatique
Embauche de finissants en 1998 : 5 à 10

**UBI SOFT DIVERTISSEMENTS
INC.**
5505, boul. Saint-Laurent
Suite 5000
Montréal (Québec)
H2T 1S6
Tél. : (514) 490-2000
Fax : (514) 490-0882

Responsable du recrutement
Service des ressources humaines

Champs de pratique
Éditeur et diffuseur de logiciels de loisirs
intéractifs
Producteur

**Nombre d'employés au
Québec** : 150

Embauche en 1998
Étudiants à l'emploi à l'été 1998 : N.D.
Embauche de finissants en 1998 : 64

VIDÉOTRON TÉLÉCOM LTÉE
2155, Pie-IX
Montréal (Québec)
H1V 2E4
Tél. : (514) 899-8448
Fax : (514) 899-8450

Responsable du recrutement
Sophie Banford

Champs de pratique
Télécommunications

Spécialités recherchées
Administrateur de base de données
Administrateur de système
Agent de support
Analyste
Programmeur

**Nombre d'employés au
Québec** : 350

Embauche en 1998
Étudiants à l'emploi à l'été 1998 : 4
Embauche de finissants en 1998 : 5

aérospatiale • communications
multimédia • cinéma
architecture
médecine • musique • internet •
L'informatique
t'ouvre
toutes
les portes !!!
ça rap!
Centre de recherche
informatique de Montréal
www.crim.ca
CRIM

CARRIÈRE
Les éditions Ma Carrière

éditeurs
François Cartier
Marcel Sanscartier

rédactrice en chef
Patricia Richard

directrice du développement
Chantal Hallé

journalistes
Nathalie Collard
Mario Dubois
André Giroux
Charles Grandmont
Éric Grenier
Judith Lachapelle
Claudine St-Germain

recherchistes
Sophie Beaudoin
Cameron Campbell
Claudie Vanasse

adjointe à la rédaction en chef
Lise Villeneuve

correction des textes
Johanne Girard

adjointe à la production
Julie Hallé

illustration de la page couverture
Jocelyn Ostiguy

photographie
PPM Photos inc.

adresse
Ma Carrière
5425, rue de Bordeaux, bureau 241
Montréal (Québec)
H2H 2P9
Tél. : (514) 890-1480
Téléc. : (514) 890-1456
macarriere@interax.net

aussi offerts
Les Carrières de l'administration
Les Carrières de l'ingénierie
Les Carrières de la comptabilité
Les Carrières de la formation universitaire
Les Carrières de la médecine
Les Carrières des sciences et technologies
Les Carrières du collégial
Les Carrières du droit
Les Métiers de la formation professionnelle
Nouveautés :
Le Grand Guide des certificats
Les Métiers qui recrutent
et les Carrières de l'an 2000

Le genre masculin est utilisé au sens neutre et désigne aussi bien les femmes que les hommes. Les articles de cette publication ne peuvent être reproduits sans l'autorisation des éditeurs. Les opinions exprimées dans les articles du guide Les Carrières de l'informatique et des technologies de communication ne sont pas nécessairement partagées par les éditeurs et les commanditaires.

Bibliothèque nationale du Québec
Dépôt légal
ISBN 2-9804126-2-7
Bibliothèque nationale du Canada
ISSN 1480-3402

Devenez membre de la FIQ!

FIQ
Fédération
de l'informatique
du Québec

Pour être au courant de ses activités et pour avoir votre mot à dire sur le mode de fonctionnement du plus grand regroupement d'utilisateurs, de spécialistes et de gestionnaires des technologies de l'information au Québec.

Pour renseignements :
Téléphone :   (514) 395-8689
Télécopieur : (514) 395-9007
Internet :   info@fiq.qc.ca
Site Web :   www.fiq.qc.ca

Tarif spécial pour étudiants : 35 $ (taxes en sus)

OCTAS